DISCOURS
CIVIQUES

DE

DANTON

Avec une Introduction et des Notes

PAR

H. FLEISCHMANN

PARIS

EUGÈNE FASQUELLE, ÉDITEUR

11, RUE DE GRENELLE, 11

1920

É. F.
Prix
actuel
6.75

DISCOURS CIVIQUES

DE

DANTON

Eugène FASQUELLE, Éditeur, 11, rue de Grenelle, Paris

Collection « L'ÉLITE DE LA RÉVOLUTION »

Œuvres complètes de Saint-Just, avec une *Introduction* et des *Notes* par CHARLES VELLAY. . . . . . . 2 vol.

La Correspondance de Marat, recueillie et annotée par CHARLES VELLAY. . . . . 1 vol.

Discours et Rapports de Robespierre, avec une *Introduction* et des *Notes* par CHARLES VELLAY . . . 1 vol.

Réquisitoires de Fouquier-Tinville, publiés d'après les originaux conservés aux Archives nationales et suivis des trois mémoires justificatifs de l'Accusateur public, avec une *Introduction*, des *Notes* et des *Commentaires* par HECTOR FLEISCHMANN. . . . . . . 1 vol.

Les Pamphlets de Marat, avec une *Introduction* et des *Notes* par CHARLES VELLAY. . . . . 1 vol.

Les Écrits de Mirabeau, avec une *Introduction* et des *Notes* par LOUIS LUMET. . . . . 1 vol.

Œuvres politiques de Fabre d'Églantine, recueillies et annotées par CHARLES VELLAY . . . . . 1 vol.

EN PRÉPARATION :

Les Discours de Mirabeau, avec une *Introduction* et des *Notes* par LOUIS LUMET. . . . . 1 vol.

Paris. — L. MARETHEUX, imprimeur, 1, rue Cassette.

DISCOURS CIVIQUES

DE

DANTON

AVEC UNE INTRODUCTION ET DES NOTES

PAR

HECTOR FLEISCHMANN

PARIS

BIBLIOTHÈQUE-CHARPENTIER

EUGÈNE FASQUELLE, ÉDITEUR

11, RUE DE GRENELLE, 11

1920

INTRODUCTION

I

Voici le seul orateur populaire de la Révolution.

De tous ceux qui, à la Constituante, à la Législative ou à la Convention, ont occupé la tribune et mérité le laurier de l'éloquence, Danton est le seul dont la parole trouva un écho dans la rue et dans le cœur du peuple. C'est véritablement l'homme de la parole révolutionnaire, de la parole d'insurrection. Que l'éloquence noblement ordonnée d'un Mirabeau et les discours froids et électriques d'un Robespierre, soient davantage prisés que les harangues hagardes et tonnantes de Danton, c'est là un phénomène qui ne saurait rien avoir de surprenant. Si les deux premiers de ces orateurs ont pu léguer à la postérité des discours qui demeurent le testament politique d'une époque, c'est qu'ils furent rédigés pour cette postérité qui les accueille. Pour Danton rien de pareil. S'il atteste quelquefois cette postérité, qui oublie en lui l'orateur pour le meneur, c'est par pur effet oratoire, parce qu'il se souvient, lui aussi, des classiques dont il est nourri, et ce n'est qu'un incident rare. Ce n'est pas à cela qu'il prétend. Il ne sait point « prévoir la *gloire* de si loin ». Il est l'homme de l'heure dangereuse, l'homme de la patrie en danger, l'homme de l'insurrection. « Je suis un homme de Révolution[1] », lui fait-on dire. Et c'est vrai. Telles, ses harangues n'aspirent point à se survivre. Que sa parole soit utile et écoutée à l'heure où il la prononce, c'est son seul désir et il estime son devoir accompli.

On conçoit ce que cette théorie, admirable en pratique, d'abnégation et de courage civique, peut avoir de défectueux pour la renommée oratoire de l'homme qui en fait sa règle de conduite, sa ligne politique. Nous verrons, plus loin, que ce n'est pas le seul sacrifice fait par Danton à sa patrie.

Ces principes qu'il proclame, qu'il met en œuvre,

---

1. ÉDOUARD FLEURY. *Études révolutionnaires : Camille Desmoulins et Roch Mercandier (la presse révolutionnaire)*, p. 47; Paris, 1852.

sont la meilleure critique de son éloquence. « Ses
harangues sont contre toutes les règles de la rhétorique : ses métaphores n'ont presque jamais rien
de grec ou de latin (quoiqu'il aimât à parler le
latin). Il est moderne, actuel[1], » dit M. Aulard qui lui
a consacré de profondes et judicieuses études. C'est
là le résultat de son caractère politique, et c'est
ainsi qu'il se trouve chez Danton désormais insé-
parable de son éloquence. Homme d'action avant
tout, il méprise quelque peu les longs discours inu-
tiles. Apathie déconcertante chez lui. En effet, il
semble bien, qu'avocat, nourri dans la basoche,
coutumier de toutes les chicanes, et surtout de ces
effroyables chicanes judiciaires de l'ancien régime,
il ait dû prendre l'habitude de les écouter en silence,
quitte à foncer ensuite, tête baissée, sur l'adver-
saire. Mais peut-être est-ce de les avoir trop souvent écoutés, ces beaux discours construits selon
les méthodes de la plus rigoureuse rhétorique,
qu'il se révèle leur ennemi le jour où la basoche
le lâche et fait de l'avocat aux Conseils du Roi
l'émeutier formidable rué à l'assaut des vieilles
monarchies? Sans doute, mais c'est surtout parce

1. F.-A. AULARD. *Études et leçons sur la Révolution française*,
tome I, p. 183; Paris, Félix Alcan, 1893.

qu'il n'est point l'homme de la chicane et des tergi-
versations, parce que, mêlé à la tourmente la plus
extraordinaire de l'histoire, il comprend, avec le
coup d'œil de l'homme d'État qu'il fut dès le premier jour, le besoin, l'obligation d'agir et d'agir
vite. Qui ne compose point avec sa conscience, ne
compose point avec les événements. Cela fait qu'au
lendemain d'une nuit démente, encore poudreux,
de la bagarre, un avocat se trouve ministre de la
Justice.

Se sent-il capable d'assumer cette lourde charge?
Est-il préparé à la terrible et souveraine fonction?
Le sait-il? Il ne discute point avec lui-même et
accepte. Il sait qu'il est avocat du peuple, qu'il appartient au peuple. Il accepte parce qu'il faut vaincre, et vaincre sur-le-champ [1].

Cet homme-là n'est point l'homme de la mûre
réflexion, et de là ses fautes. Il accepte l'inspiration du moment, pourvu, toutefois, qu'elle s'ac-

1. « Mon ami Danton est devenu ministre de la Justice par la
grâce du canon : cette journée sanglante devait finir, pour nous
deux surtout, par être élevés ou hissés ensemble. Il l'a dit à
l'Assemblée nationale : Si j'eusse été vaincu, je serais criminel. » Lettre de Camille Desmoulins à son père, 15 août 1792.
Œuvres de Camille Desmoulins, recueillies et publiées d'après les
textes originaux par M. Jules Claretie, tome II, p. 367-368; Paris,
Fasquelle, 1906.

corde avec l'idéal politique que, dès les premiers
jours, il s'est proposé d'atteindre.

Il n'a point, comme Mirabeau, le génie de la
facilité, cette abondance méridionale que parent
les plus belles fleurs de l'esprit, de l'intelligence
et de la réminiscence. Mirabeau, c'est un phénomène d'assimilation, l'extraordinaire écho des
pensées d'autrui qu'il fond et dénature magnifique-
ment au creuset de sa mémoire, une manière de
Bossuet du plagiat que nul sujet ne trouve pris
au dépourvu.

Danton, lui, avoue simplement son ignorance
en certaines matières. « Je ne me connais pas grandement en finances », disait-il un jour[1], et il parle
cinq minutes. Mirabeau eût parlé cinq heures. Il
n'a point non plus, comme Robespierre, ce don de
l'axiome géométrique, cette logique froide qui
tombe comme le couperet, établit, ordonne,
institue, promulgue et ne discute pas. Quand cela
coule des minces lèvres de l'avocat d'Arras, droit
et rigide à la tribune, on ne songe pas que durant
des nuits il s'est penché sur son papier, livrant
bataille au mot rebelle, acharné sur la métaphore,

1. Séance de la Convention, du 31 juillet 1793.

a.

raturant, recommençant, en proie à toutes les affres du style. Or, Danton n'écrit rien[1]. Paresse, a-t-on dit? Peut-être. Il reconnaît : « Je n'ai point de correspondance[2]. » C'est l'aveu implicite de ses improvisations répétées. Qui n'écrit point de lettres ne rédige point de discours. C'est chose laissée à l'Incorruptible et à l'Ami du Peuple. Ce n'est point davantage à Marat qu'on peut le comparer. L'éloquence de celui-ci a quelque chose de forcené et de lamentatoire, une ardeur d'apostolat révolutionnaire et de charité, de vengeur et d'implorant à la fois. Ce sont bien des plaintes où passe, suivant la saisissante expression de M. Vellay, l'ombre désespérée de Cassandre[3]. Chez Danton, rien de tout cela. Et à qui le comparer sinon qu'à lui?

Dans son style on entend marcher les événements. Ils enflent son éloquence, la font hagarde, furieuse, furibonde; chez lui la parole bat le rappel et bondit armée. Aussi, point de longs discours. Toute colère tombe, tout enthousiasme faiblit. Les

1. F. AULARD, *ouvr. cit.*, tome I, p. 172.
2. Séance de la Convention, du 21 août 1793.
3. *La Correspondance de Marat*, recueillie et publiée par Charles Vellay, intr. xxii ; Paris, Fasquelle, 1908.

grandes harangues ne sont point faites de ces passions extrêmes. Si pourtant on les retrouve dans
chacun des discours de Danton, c'est que de jour
en jour elles se chargent de ranimer une vigueur
peut-être fléchissante, quand, à Arcis-sur-Aube, il
oublie l'orage qui secoue son pays pour le foyer
qui l'attend, le sourire de son fils, la présence de
sa mère, l'amour de sa femme, la beauté molle et
onduleuse des vifs paysages champenois qui portent alors à l'idylle et à l'églogue ce grand cœur
aimant. Mais que Danton reprenne pied à Paris,
qu'il se sente aux semelles ce pavé brûlant du
14 juillet et du 10 août, que l'amour du peuple et
de la patrie prenne le pas sur l'amour et le souvenir du pays natal, c'est alors Antée. Il tonne à
la tribune, il tonne aux Jacobins, il tonne aux
armées, il tonne dans la rue. Et ce sont les lam-
beaux heurtés et déchirés de ce tonnerre qu'il
lègue à la postérité.

Ses discours sont des exemples, des leçons d'hon-
nêteté, de foi, de civisme et surtout de courage.
Quand il se sent parler d'abondance, sur des
sujets qui lui sont étrangers, il a comme une
excuse à faire. « Je suis savant dans le bonheur de

mon pays », dit-il[1]. Cela, c'est pour lui la suprême excuse et le suprême devoir. Son pays, le peuple, deux choses qui priment tout. Entre ces deux pôles son éloquence bondit, sur chacun d'eux sa parole pose le pied et ouvre les ailes. Et quelle parole ! Au moment où Paris et la France vivent dans une atmosphère qui sent la poudre, la poussière des camps, il ne faut point être surpris de trouver dans les discours de Danton comme un refrain de *Marseillaise* en prose. Sa métaphore, au bruit du canon et du tocsin, devient guerrière et marque le pas avec les sections en marche, avec les volontaires levés à l'appel de la patrie en danger. Elle devient audacieuse, extrême, comme le jour où, dans l'enthousiasme de la Convention, d'abord abattue par la trahison de Dumouriez, il déclare à ses accusateurs : « Je me suis retranché dans la citadelle de la raison ; j'en sortirai avec le canon de la vérité et je pulvériserai les scélérats qui ont voulu m'accuser[2]. » Cela, Robespierre ne l'eût point écrit et dit. C'est chez Danton un mépris de la froide et élégante sobriété, mais faut-il conclure de là que c'était simplement de l'ignorance ?

1. Séance de la Convention, du 31 juillet 1793.
2. Séance de la Convention, du 1ᵉʳ avril 1793.

Cette absence des formes classiques du discours et de la recherche du langage, c'est à la fièvre des événements, à la violence de la lutte qu'il faut l'attribuer, déclare un de ses plus courageux biographes[1]. On peut le croire. Mais pour quiconque considère Danton à l'action, cette excuse est inutile. Son œuvre politique explique son éloquence. Si elle roule ces scories, ces éclats de rudes rocs, c'est qu'il méprise les rhéteurs, c'est, encore une fois, et il faut bien le répéter, parce qu'il a la religion de l'action ; et ce culte seul domine chez lui. Il ne va point pour ce jusqu'à la grossièreté, cette grossièreté de jouisseur, de grand mangeur, de matérialiste, qu'on lui attribue si volontiers. « Aucune de ses harangues ne fournit d'indices de cette grossièreté », dit le Dr Robinet[2]. Et quand même cela eût été, quand même elles eussent eu cette violence et cette exagération que demande le peuple à ses orateurs, en quoi diminueraient-elles la mémoire du Conventionnel? « Je porte dans mon caractère une bonne portion de gaieté française », a-t-il répondu[3]. Mais cette gaieté française, c'est celle-là

1. Dr ROBINET. *Danton, mém. sur sa vie privée*, p. 67 ; Paris, 1884.
2. *Ibid.*, p. 67.
3. Séance de la Convention, du 16 mars 1794.

même du pays de Rabelais. Si Pantagruel est grossier, Danton a cette grossièreté-là.

Il sait qu'on ne parle point au peuple comme on parle à des magistrats ou à des législateurs, qu'il faut au peuple le langage rude, simple, franc et net du peuple. Paris n'a-t-il point bâillé à l'admirable morceau de froid lyrisme et de noble éloquence de Robespierre pour la fête de l'Être Suprême ? C'est en vain que, sur les gradins du Tribunal révolutionnaire, Vergniaud déroula les plus harmonieuses périodes classiques d'une défense à la grande façon. Mais Danton n'eut à dire que quelques mots, à sa manière, et la salle se dressa tout à coup vers lui, contre la Convention. Il fallut le bâillon d'un décret pour museler le grand dogue qui allait réveiller la conscience populaire.

Là seul fut l'art de Danton. La Révolution venait d'en bas, il descendit vers elle et ne demeura pas, comme Maximilien Robespierre, à la place où elle l'avait trouvé. Par là, il sut mieux être l'écho des désirs, des besoins, le cri vivant de l'héroïsme exaspéré, le tonnerre de la colère portée à son summum. Il fut la Révolution tout entière, avec ses haines françaises, ses fureurs, ses espoirs et ses

illusions. Robespierre, au contraire, la domina toujours et, jacobin, resta aristocrate parmi les jacobins. Derrière la guillotine du 10 thermidor s'érige
la Minerve antique, porteuse du glaive et des
tables d'airain. Derrière la guillotine du 16 germinal se dresse la France blessée, échevelée et libre,
la France de 93. Ne cherchons pas plus loin. De là
la popularité de Danton ; de là l'hostilité haineuse
où le peuple roula le cadavre sacrifié par la
canaille de thermidor à l'idéal jacobin et français.

II

La Patrie ! Point de discours où le mot ne re-
vienne. La Patrie, la France, la République ; point
de plus haut idéal proposé à ses efforts, à son courage, à son civisme. Il aime son pays, non point
avec cette fureur jalouse qui fait du patriotisme un
monopole à exploiter, il l'aime avec respect, avec
admiration. Il s'incline devant cette terre où fut le
berceau de la liberté, il s'agenouille devant cette patrie qui, aux nations asservies, donne l'exemple de

la libération. C'est bien ainsi qu'il se révèle comme
imbu de l'esprit des encyclopédistes [1], comme le
représentant politique le plus accrédité de l'école
de l'Encyclopédie [2]. Le peuple qui, le premier,
conquit sur la tyrannie la sainte liberté est à ses
yeux le premier peuple de l'univers. Il est de ce
peuple, lui. De là son orgueil, son amour, sa dé-
votion. Jamais homme n'aima sa race avec autant
de fierté et de fougue; jamais citoyen ne consentit
tant de sacrifices à son idéal. En effet, Danton
n'avait pas comme un Fouché, un Lebon, un Tallien, à se tailler une existence nouvelle dans le
régime nouveau; au contraire. Pourvu d'une
charge fructueuse, au sommet de ce Tiers État qui
était alors autre chose et plus que notre grande
bourgeoisie contemporaine, la Révolution ne pouvait que lui apporter la ruine d'une existence labo-
rieuse mais confortable, aisée, paisible. Elle vint,
cette Révolution attendue, espérée, souhaitée, elle
vint et cet homme fut à elle. Il aimait son foyer,
cela nous le savons, on l'a prouvé, démontré; il
quitta ce foyer, et il fut à la chose publique. Nous

1. F. AULARD, *ouvr. cit.*, tome I, p. 181.
2. ANTONIN DUBOST. *Danton et la politique contemporaine*, p. 48;
Paris, Fasquelle, 1880.

connaissons les angoisses de sa femme pendant la nuit du 10 août. Cette femme, il l'aimait, il l'aima au point de la faire exhumer, huit jours après sa mort, pour lui donner le baiser suprême de l'adieu ; et pourtant, il laissa là sa femme pour se donner à la neuve République. Il quitta tout, sa vieille mère (et il l'adorait, on le sait), son foyer, pour courir dans la Belgique enflammer le courage des volontaires. Dans tout cela il apportait un esprit d'abnégation sans exemple. Il sacrifiait sa mémoire, sa gloire, son nom, son honneur à la Patrie. « Que m'importe d'être appelé buveur de sang, pourvu que la patrie soit sauvée! » Et il la sauvait. Il était féroce, oui, à la tribune, quand il parlait des ennemis de son pays. Il en appelait aux mesures violentes, extrêmes, au nom de son amour pour la France. Il était terrible parce qu'il aimait la Patrie avant l'humanité.

Et pourtant, on l'a dit, cet homme « sous des formes âprement révolutionnaires, cachait des pensées d'ordre social et d'union entre les patriotes ». Qui, aujourd'hui, après les savants travaux de feu A. Bougeart[1] et du Dr Robinet, ne saurait sous-

1. ALFRED BOUGEART. *Danton, documents authentiques pour servir à l'histoire de la Révolution française*; 1861, in-8°.

crire à cette opinion d'Henri Martin? Son idéal, en effet, était l'ordre, la concorde entre les républicains. Jusque dans son dernier discours à la Convention, alors que déjà à l'horizon en déroute montait l'aube radieuse et terrible du 16 germinal, alors encore il faisait appel à la concorde, à la fraternité, à l'ordre. Sorti de la classe qui l'avait vu naître, il ne pouvait être un anarchiste, un destructeur de toute harmonie. Il aimait trop son pays pour n'avoir point l'orgueil de construire sur les ruines de la monarchie la cité nouvelle promise au labeur et à l'effort de la race libérée. Était-il propre à cette tâche? L'ouvrier de la première heure aurait-il moins de mérite que celui de la dernière? « C'était un homme bien extraordinaire, fait pour tout », disait de lui l'empereur exilé, revenu au jacobinisme auquel il avait dû de retrouver une France neuve [1].

La réorganisation, l'organisation faudrait-il dire, fut son grand but. Qu'on lise ces discours, on y verra cette préoccupation constante : satisfaire les

1. BARON GOURGAUD. *Journal inédit de Sainte-Hélène (1815-1818)*, avec préface et notes de MM. le vicomte de Grouchy et Antoine Guillois.

besoins de la République, les devancer, l'organiser. Cela, certes, est indéniable.

Ainsi que Carnot organisa la victoire, il médita d'organiser la République. Ce qui est non moins incontestable, c'est que le temps et les moyens lui firent défaut, et que, lassé du trop grand effort donné, son courage fléchit. Le jour où il souhaita le repos fut la veille de sa ruine.

Son programme politique, M. Antonin Dubost l'a exposé avec une sobre netteté dans son bel ouvrage sur la politique dantoniste. « Repousser l'invasion étrangère, écrit-il, briser les dernières résistances rétrogrades et constituer un gouvernement républicain en le fondant sur le concours de toutes les nuances du parti progressif, indépendamment de toutes vues particulières, de tout système quelconque, dans l'unique but de permettre au pays de poursuivre son libre développement intellectuel, moral et pratique entravé depuis si longtemps par la coalition rétrograde; mettre au service de cette œuvre une énergie terrible, nécessaire pour conquérir notre indépendance nationale et pour rompre les fils de la conspiration royaliste, et une opiniâtreté comme on n'en avait pas encore vu à établir entre tous les républicains un accord étroit sans le-

quel la fondation de la république était impossible,
tel était le programme de Danton à son entrée au
pouvoir. Ce programme, il en a poursuivi l'application jusqu'à son dernier jour, à travers des résistances inouïes et avec un esprit de suite, une
souplesse, une appropriation des moyens aux circonstances qui étonneront toujours des hommes
doués de quelque aptitude politique [1]. »

Ces moyens, on le sait, furent souvent violents,
mais ici encore ils étaient, reprenons l'expression
de M. Dubost, appropriés aux circonstances. Or,
jamais pays ne se trouva en pareille crise, en
présence de telles circonstances. Terribles, elles
durent être combattues terriblement. A la Terreur
prussienne répondit la Terreur française. L'arme
se retourna contre ceux qui la brandissaient. C'est
là l'explication et la justification — nous ne disons
pas excuse, — du système. Cette explication est
vieille, nul ne l'ignore, mais c'est la seule qui puisse
être donnée, c'est la seule qui ait été combattue.

En effet, enlevez à la Terreur la justification des
circonstances, et c'est là un régime de folie et de
sauvagerie.

1. Antonin Dubost, *vol. cit.*, p. 56.

Thème facile aux déclarations réactionnaires, on ne s'arrête que là. C'est un argument qui semble péremptoire et sans réplique ; le lieu commun qui autorise les pires arguties et fait condamner, pêle-mêle, Danton, Robespierre, Fouquier-Tinville, Carrier, Lebon et Saint-Just. Cette réprobation, Danton, par anticipation, l'assuma. Il consentit à charger sa mémoire de ce qui pouvait sembler violent, excessif et inexorable dans les mesures qu'il proposait.

Le salut de la Patrie primait sa justification devant la postérité.

Or, il n'échappe à quiconque étudie avec son âme, avec sa raison, l'heure de cette crise, que c'est précisément là qu'il importe de chercher la glorification de Danton. Ces mesures contre les suspects, le tribunal révolutionnaire, l'impôt sur les grosses fortunes, la Terreur enfin, ce fut lui qui la proposa. Et la Terreur sauva la France. Si quelque bien-être et quelque liberté sont notre partage aujourd'hui dans le domaine politique et matériel, c'est à la Terreur que nous les devons. La responsabilité était terrible. Danton l'assuma devant l'Histoire, courageusement, franchement, sans arrière-pensée, car, on l'a avoué, l'ombre de la trahison et de la

lâcheté effrayait cet homme [1]. Il se révéla l'incarnation vibrante et vivante de la défense nationale à
l'heure la plus tragique de la race française.

Cette défense, la Terreur l'assura à l'intérieur et
à l'extérieur. A l'instant même où elle triomphait
de toutes résistances, Danton faiblit. Pour la
première fois il recula, il se sentit fléchir sous
l'énorme poids de cette responsabilité et il douta
de lui-même et de la justice de la postérité. Et
celui que Garat appelait un grand seigneur de la
Sans-culotterie [2] eut comme honte de ce qui lui
allait assurer une indéfectible gloire. Et c'est
l'heure que la réaction guette, dans cette noble et
courageuse vie, pour lui impartir sa dédaigneuse
indulgence ; c'est l'heure où elle est tentée
d'absoudre Danton des coups qu'il lui porta, au
nom d'une clémence qui ne fut chez lui que de la
lassitude.

1. *Mémoires de R. Levasseur (de la Sarthe)*, tome II.
2. Louis Blanc. *Histoire de la Révolution française*, t. VII, p. 97.

III

C'est contre cet outrageant éloge de la clémence
de Danton qu'il faut défendre sa mémoire. La
réaction honore en lui la victime de la pitié et de
Robespierre. C'est pour avoir tenté d'arrêter la
marche de la Terreur qu'il succomba, répète le
thème habituel des apologistes malgré eux.

Il faut bien le dire : pour faire tomber Danton, il
ne fallut que Danton lui-même, et, si cette mort
fut le crime de Maximilien, elle fut aussi son devoir.

La Gironde abattue, Danton se trouva en présence
de deux partis réunis cependant par les mêmes
intérêts : les Hébertistes à la Commune, les Mon-
tagnards à la Convention. Entre eux point de place
pour les modérés, ce modéré fût-il Danton. Il
revenait, lui, de sa ferme d'Arcis-sur-Aube, de cette
maison paysanne dont le calme et le repos de-
meuraient son seul regret dans la terrible lutte. Il
estimait avoir fait son devoir jusqu'au bout, il
estimait peut-être aussi que la Révolution était au
terme de son évolution, qu'elle était désormais

établie sur des bases indestructibles. On sait quelles illusions c'étaient là en 1794. Pourtant Danton y crut, il y crut pour l'amour du repos, par lassitude.

Il s'arrêta alors qu'il eût fallu continuer la rude marche, il s'arrêta alors que la Patrie demandait un dernier effort. Son influence était puissante encore; vers cette grande tête ravagée et illuminée se tournaient un grand nombre de regards sur les bancs de la Montagne. De cette bouche éloquente, pleine d'éclats éteints, de foudres muettes, pouvait venir le mot d'ordre fatal. La lassitude de Danton pouvait être prise par les Dantonistes comme une réprobation ; un mot de fatigue pouvait être interprété comme un ordre de recul. Reculer, c'était condamner la Terreur, la paralyser au moment de son dernier effort. Et c'est ici que le devoir de Maximilien s'imposa : il lui fallut choisir de la Révolution ou de Danton. Il choisit. C'est ce devoir qu'on lui impute comme un crime.

Et pourtant! pourtant, oui, c'était un crime, cet austère, atroce et formidable devoir! L'homme qu'il fallait frapper au nom du progrès révolutionnaire parce qu'il devenait un danger, cet homme avait réveillé l'énergie guerrière de la France, cet homme avait, pour appeler à la défense du sol, trouvé des mots qui avaient emporté et déchiré le cœur du peuple, il avait été son incarnation, son écho, sa bouche d'airain. Cet homme avait proposé tout ce qui avait sauvé la Patrie et c'était au nom de ces mêmes mesures qu'il importait de le frapper. Et il fut frappé.

Robespierre ne se résigna point à l'atroce tâche avec la joie sauvage, la cruauté froide et la facilité dont on charge sa mémoire. Un de ceux qui se décidèrent à abattre Danton sans discuter, Vadier, ce même Vadier qui disait : « Nous allons vider ce Turbot farci ! », Vadier reconnut plus tard qu'il lui avait, au contraire, fallu vaincre l'opposition de Robespierre, le retard que l'Incorruptible apportait à se décider pour l'arrestation de son ancien ami. Non point qu'il n'en avait pas compris la nécessité, nous venons de montrer que pour l'inflexibilité de Robespierre la chose était un devoir, mais parce qu'il lui répugnait d'arracher de son cœur le souvenir de l'amour que Danton avait porté à la patrie. Cet aveu de Vadier fut consigné par Taschereau-Fargues, dans une brochure devenue rare, où, rapportant les détails de l'arrestation, il ajoute :

« Pourquoi ne dirai-je point que cela fut un assassi-
hat médité, préparé de longue main, lorsque deux
jours après cette séance où présidait le crime, le
représentant Vadier, me racontant toutes les circonstances de cet événement, finit par me dire : que Saint-
Just, par son entêtement, avait failli occasionner la
chute des membres des deux comités, car il voulait,
ajouta-t-il, que les accusés fussent présents lorsqu'il
aurait lu le rapport à la Convention nationale ; et telle
était son opiniâtreté que, voyant notre opposition formelle, il jeta de rage son chapeau dans le feu, et nous
planta là. Robespierre était aussi de son avis ; il craignait
qu'en faisant arrêter préalablement ces députés, cette
démarche ne fût tôt ou tard répréhensible ; mais, comme
la peur était un argument irrésistible auprès de lui, je
me servis de cette arme pour le combattre : Tu peux
courir la chance d'être guillotiné, si tel est ton plaisir ;
pour moi, je veux éviter ce danger, en les faisant arrêter
sur-le-champ, car il ne faut point se faire illusion sur le
parti que nous devons prendre ; tout se réduit à ces
mots : *Si nous ne les faisons point guillotiner, nous le
serons nous-mêmes* [1] . »

L'hésitation de Robespierre vaincue, Danton était
perdu.

---

1. P.-A. Taschereau. — *Fargues à Maximilien Robespierre aux
Enfers* ; Paris, an III, p. 16. — Cité dans les *Annales révolutionnaires*, nº 1, janvier-mars 1908, p. 101.

L'accusation contre Danton compléta le crime.
C'était le compléter, l'aggraver, en effet, que
d'élever contre lui le reproche de la vénalité. De
source girondine, le grief fut repris par les Monta-
gnards; et il a fallu attendre près d'un siècle pour
en laver la mémoire outragée et blasphémée de
Danton. Mais le premier pas fait, les autres ne
coûtèrent guère et on sait jusqu'où Saint-Just alla.
Ici, point d'excuse. Cette haute et pure figure se
voile tout à coup, s'efface et il ne demeure qu'un
faussaire odieux, celui qui donnera, dans le dos de
Danton, le coup de couteau dont il ne se relèvera
pas. Fouquier-Tinville, dans son dernier mémoire
justificatif, a éclairé les dessous de cette terrible
machination, il a dit d'où était venu le coup, on a
reconnu la main... Hélas! la main qui, à Stras-
bourg et sur le Rhin, signa les plus brillantes et
les plus enflammées des proclamations jacobines!

Au 9 thermidor, quand, immobile, muet, déchu,
Saint-Just se tient debout devant la tribune où
Robespierre lance son dernier appel à la raison
française, dans le tumulte hurlant de la Convention
déchaînée, peut-être, devinant l'expiation, Saint-
Just se remémora-t-il les suprêmes paroles de
Danton au Tribunal révolutionnaire : « Et toi,

Saint-Just, tu répondras à la postérité de la diffamation lancée contre le meilleur ami du peuple, contre son plus ardent défenseur![1] »

Et c'est ce qui fait cette jeune et noble gloire un peu moins grande et un peu moins pure.

IV

L'improvisation, si elle nuisit à la pureté littéraire des discours de Danton, eut encore d'autres désavantages pour lui. Elle nous les laissa incomplets, souvent dénaturés et altérés. Rares sont ceux-là qui nous sont parvenus dans leur ensemble. Alors que des orateurs comme Vergniaud et Robespierre prenaient soin d'écrire leurs discours et d'en corriger les épreuves au *Moniteur*, Danton dédaignait de s'en préoccuper. Il ne demandait point pour ses paroles la consécration de l'avenir, et il avait à leur égard la manière de mépris et de dédain dont il usait envers ses accusateurs. C'est

1. *Bulletin du Tribunal révolutionnaire*, 4ᵉ partie, nº 21.

pourquoi beaucoup de ces discours sont à jamais
perdus. Ceux qui demeurent nous sont arrivés par
lés versions du *Moniteur* et du *Logotachygraphe*..
Elles offrent entre elles des variantes que M. Aulard
avait déjà signalées. Entre les deux nous avions à
choisir. C'est à celle du *Moniteur* que nous nous
sommes arrêté. Outre son caractère officiel, — dé-
naturé, nous le savons bien, mais officiel quand
même, — elle offre au lecteur, désireux de resti-
tuer le discours donné à son ensemble, la facilité
de se retrouver plus aisément.

Tel discours publié ici, nous ne le dissimulons
pas, prend un caractère singulièrement plus signi-
ficatif lu dans le compte rendu d'une séance. Mais
cette qualité devenait un défaut pour quelques
autres qu'elle privait de leur cohésion, de l'enchaî-
nement logique des périodes. C'est pourquoi nous
nous sommes décidé à supprimer, à moins d'une
nécessité impérieuse, tout ce qui pouvait en con-
trarier la lecture, telles les interruptions sans importance, tels les applaudissements, ce qui, enfin,
n'avait en aucune manière modifié la suite du discours.

Nous avons, au contraire, scrupuleusement respecté tout ce qui avait décidé l'orateur à répondre

sur-le-champ aux observations présentées. C'est le cas où nous nous sommes trouvé pour la séance où Danton s'expliqua sur ses relations avec Dumouriez, et quelques autres encore.

Un choix, d'autre part, s'imposait parmi tous les discours du conventionnel. Ce n'est pas à l'ensemble de son œuvre oratoire que nous avons prétendu ici, et d'ailleurs, il serait à coup sûr impossible de le reconstituer rigoureusement.

Ce choix, la matière même des discours nous le facilita singulièrement. Tous les sujets de quelque importance furent discutés et traités par Danton avec assez d'abondance. L'obligation de reproduire les discours où il exposa ses vues politiques, le plus complètement et le plus longuement, s'imposait donc. Ce fut d'ailleurs la méthode dont se servit, en 1886, A. Vermorel, pour réunir quelques discours du conventionnel sous le titre : *Œuvres de Danton*, comme il avait recueilli celles de Saint-Just, de Robespierre, de Mirabeau et de Desmoulins. Ce fut la seule tentative faite pour réunir les discours du ministre du 10 août ; mais, outre les erreurs de dates assez sérieuses, Vermorel n'avait pris aucun soin de résumer ou de donner la brève physionomie des séances où les discours publiés furent prononcés. Nous avons essayé de combler cette lacune, d'éclairer ainsi certains passages qui pouvaient sembler obscurs. Enfin, nous avons cru utile de joindre à ce volume le mémoire justificatif rédigé par les fils Danton contre les accusations de vénalité portées contre leur père. Cette pièce curieuse publiée par le D' Robinet dans son mémoire sur la vie privée du conventionnel méritait d'être reproduite, tant à cause de la haute mémoire qu'elle défend, qu'à cause de la personnalité de ses signataires. C'est une réponse précise, modérée et de noble ton, qui a le mérite de prouver, par des pièces écrites, et authentiques, la probité de celui qui mourut, suivant le mot de M. Aulard, pur de sang, pur d'argent.

Restitués ainsi dans leur ensemble, ces discours de Danton apparaîtront comme de belles leçons de civisme et de pur patriotisme. Jamais amour pour la terre natale ne brûla d'un feu plus égal, plus haut; jamais patriotisme ne s'affirma avec plus de persévérance et plus de foi en le pays; jamais homme ne légua à l'histoire une plus vaste espérance dans les glorieuses destinées de la Révolution.

HECTOR FLEISCHMANN

DISCOURS CIVIQUES

DE DANTON

ANNÉE 1792

I

SUR LES DEVOIRS DE L'HOMME PUBLIC

(Novembre 1791)

Nommé administrateur du département de Paris le
31 janvier 1791, Danton occupa cette fonction pendant
presque toute cette année. Il ne s'en démit qu'à la fin de
novembre pour prendre le poste de substitut du procu-
reur de la Commune, auquel le Dix Août devait l'arracher pour le faire ministre. La vigueur déployée par lui
dans ce poste prépara les voies de la grande journée
fatale à la Monarchie, et le discours qu'il prononça,

lors de son installation, le fit aisément prévoir. C'est
le programme des devoirs de l'homme public qu'il y
expose dans cette harangue mûrement réfléchie et qui,
si elle n'a pas toute la flamme de ses éclatantes improvisations de 93, se fait cependant remarquer par une
audace de pensée assez rare, au début du grand conflit
national, dans les rangs des magistrats du peuple.
Vermorel, qui la publia d'après le texte donné par
Fréron dans *L'Orateur du Peuple*, lui donne la date de
novembre 1792 (p. 109). C'est en *novembre 1791* qu'il
convient de la rétablir.

Monsieur le Maire et Messieurs,

Dans une circonstance qui ne fut pas un des
moments de sa gloire, un homme dont le nom
doit être à jamais célèbre dans l'histoire de la Révolution disait : qu'il savait bien qu'il n'y avait pas
loin du Capitole à la roche Tarpéienne ; et moi,
vers la même époque à peu près, lorsqu'une sorte
de plébiscite m'écarta de l'enceinte de cette assemblée où m'appelait une section de la capitale, je
répondais à ceux qui attribuaient à l'affaiblissement
de l'énergie des citoyens ce qui n'était que l'effet
d'une erreur éphémère, qu'il n'y avait pas loin,
pour un homme *pur*, de l'ostracisme suggéré aux
premières fonctions de la chose publique. L'événement justifie aujourd'hui ma pensée ; l'opinion,
non ce vain bruit qu'une faction de quelques mois

ne fait régner qu'autant qu'elle-même, l'opinion
indestructible, celle qui se fonde sur des faits qu'on
ne peut longtemps obscurcir, cette opinion qui
n'accorde point d'amnistie aux traîtres, et dont le
tribunal suprême, casse les jugements des sots et
les décrets des juges vendus à la tyrannie, cette
opinion me rappelle du fond de ma retraite, où
j'allais cultiver cette métairie qui, quoique obscure
et acquise avec le remboursement *notoire* d'une
charge qui n'existe plus, n'en a pas moins été érigée
par mes détracteurs en domaines immenses, payés
par je ne sais quels agents de l'Angleterre et de la
Prusse.

Je dois prendre place au milieu de vous, messieurs, puisque tel est le vœu des amis de la
liberté et de la constitution ; je le dois d'autant
plus que ce n'est pas dans le moment où la patrie
est menacée de toutes parts qu'il est permis de
refuser un poste qui peut avoir ses dangers comme
celui d'une sentinelle avancée. Je serais entré
silencieusement ici dans la carrière qui m'est
ouverte, après avoir dédaigné pendant tout le cours
de la Révolution de repousser aucune des calomnies sans nombre dont j'ai été assiégé, je ne me
permettrais pas de parler un seul instant de moi,
j'attendrais ma juste réputation de mes actions et
du temps, si les fonctions déléguées auxquelles je
vais me livrer ne changeaient pas entièrement ma

position. Comme individu, je méprise les traits qu'on me lance, ils ne me paraissent qu'un vain sifflement ; devenu homme du peuple, je dois, sinon répondre à tout, parce qu'il est des choses dont il serait absurde de s'occuper, mais au moins lutter corps à corps avec quiconque semblera m'attaquer avec une sorte de bonne foi. Paris, ainsi que la France entière, se compose de trois classes ; l'une ennemie de toute liberté, de toute égalité, de toute constitution, et digne de tous les maux dont elle a accablé, dont elle voudrait encore accabler la nation ; celle-là je ne veux point lui parler, je ne veux que la combattre à outrance jusqu'à la mort ; la seconde est l'élite des amis ardents, des coopérateurs, des plus fermes soutiens de notre Révolution, c'est elle qui a constamment voulu que je sois ici ; je ne dois non plus rien dire, elle m'a jugé, je ne la tromperai jamais dans son attente : la troisième, aussi nombreuse que bien intentionnée, veut également la liberté, mais elle en craint les orages ; elle ne hait pas ses défenseurs qu'elle secondera toujours dans les moments de périls, mais elle condamne souvent leur énergie, qu'elle croit habituellement ou déplacée ou dangereuse ; c'est à cette classe de citoyens que je respecte, lors même qu'elle prête une oreille trop facile aux insinuations perfides de ceux qui cachent sous le masque de la modération l'atrocité de leurs desseins ; c'est, dis-je, à ces citoyens que je dois, comme magistrat du peuple, me faire bien connaître par une profession de foi solennelle de mes principes politiques.

La nature m'a donné en partage les formes athlétiques et la physionomie âpre de la liberté. Exempt du malheur d'être né d'une de ces races privilégiées suivant nos vieilles institutions, et par cela même presque toujours abâtardies, j'ai conservé, en créant seul mon existence civile, toute ma vigueur native, sans cependant cesser un seul instant, soit dans ma vie privée, soit dans la profession que j'avais embrassée, de prouver que je savais allier le sang-froid de la raison à la chaleur de l'âme et à la fermeté du caractère. Si, dès les premiers jours de notre régénération, j'ai éprouvé tous les bouillonnements du patriotisme, si j'ai consenti à paraître exagéré pour n'être jamais faible, si je me suis attiré une première proscription pour avoir dit hautement ce qu'étaient ces hommes qui voulaient faire le procès à la Révolution, pour avoir défendu ceux qu'on appelait les énergumènes de la liberté, c'est que je vis ce qu'on devait attendre des traîtres qui protégeaient ouvertement les serpents de l'aristocratie.

Si j'ai été toujours irrévocablement attaché à la cause du peuple, si je n'ai pas partagé l'opinion d'une foule de citoyens, bien intentionnés sans

doute, sur des hommes dont la vie politique me
semblait d'une versatilité bien dangereuse, si j'ai
interpellé face à face, et aussi publiquement que
loyalement, quelques-uns de ces hommes qui se
croyaient les pivots de notre Révolution ; si j'ai
voulu qu'ils s'expliquassent sur ce que mes relations avec eux m'avait fait découvrir de fallacieux
dans leurs projets, c'est que j'ai toujours été convaincu qu'il importait au peuple de lui faire
connaître ce qu'il devait craindre de personnages
assez habiles pour se tenir perpétuellement en
situation de passer, suivant le cours des événements, dans le parti qui offrirait à leur ambition les
plus hautes destinées ; c'est que j'ai cru encore
qu'il était digne de moi de m'expliquer en présence
de ces mêmes hommes, de leur dire ma pensée
tout entière, lors même que je prévoyais bien qu'ils
se dédommageraient de leur silence en me faisant
peindre par leurs créatures avec les plus noires
couleurs, et en me préparant de nouvelles persé-
cutions.

Si, fort de ma cause, qui était celle de la nation,
j'ai préféré les dangers d'une seconde proscription
judiciaire, fondée non pas même sur ma participa-
tion chimérique à une pétition trop tragiquement
célèbre, mais sur je ne sais quel conte misérable
de pistolets emportés en ma présence, de la
chambre d'un militaire, dans une journée à jamais

mémorable, c'est que j'agis constamment d'après les lois éternelles de la justice, c'est que je suis incapable de conserver des relations qui deviennent impures, et d'associer mon nom à ceux qui ne craignent pas d'apostasier la religion du peuple qu'ils avaient d'abord défendu.

Voilà quelle fut ma vie.

Voici, messieurs, ce qu'elle sera désormais.

J'ai été nommé pour concourir au maintien de la Constitution, pour faire exécuter les lois jurées par la nation; eh bien, je tiendrai mes serments, je remplirai mes devoirs, je maintiendrai de tout mon pouvoir la Constitution, *rien que la Constitution*, puisque ce sera défendre tout à la fois l'égalité, la liberté et le peuple. Celui qui m'a précédé dans les fonctions que je vais remplir a dit qu'en l'appelant au ministère le roi donnait une nouvelle preuve de son attachement à la Constitution : le peuple, en me choisissant, veut aussi fortement, au moins, la Constitution; il a donc bien secondé les intentions du roi? Puissions-nous avoir dit, mon prédécesseur et moi, deux éternelles vérités! Les archives du monde attestent que jamais peuple lié à ses propres lois, à une royauté constitutionnelle, n'a rompu le premier ses serments; les nations ne changent ou ne modifient jamais leurs gouvernements que quand l'excès de l'oppression les y contraint; la royauté constitutionnelle peut durer plus de siècles en France que n'en a duré la royauté despotique.

Ce ne sont pas les philosophes, eux qui ne font que des systèmes, qui ébranlent les empires; les vils flatteurs des rois, ceux qui tyrannisent en leurs noms le peuple, et qui l'affament, travaillent plus sûrement à faire désirer un autre goúvernement que tous les philanthropes qui publient leurs idées sur la liberté absolue. La nation française est devenue plus fière sans cesser d'être plus généreuse. Après avoir brisé ses fers, elle a conservé la royauté sans la craindre, et l'a épurée sans la haïr. Que la royauté respecte un peuple dans lequel de longues oppressions n'ont point détruit le penchant à être confiant, et souvent trop confiant; qu'elle livre elle-même à la vengeance des lois tous les conspirateurs sans exception et tous ces valets de conspiration qui se font donner par les rois des acomptes sur des contre-révolutions chimériques, auxquelles ils veulent ensuite recruter, si je puis parler ainsi, des partisans à crédit. Que la royauté se montre sincèrement enfin l'amie de la liberté, *sa souveraine*, alors elle s'assurera une durée pareille à celle de la nation elle-même, alors on verra que les citoyens qui ne sont accusés d'être *au delà de la Constitution* que par ceux mêmes qui sont évidemment *en deçà*, que ces citoyens, quelle que soit leur théorie arbitraire sur la liberté, ne cherchent point à rompre le pacte social ; qu'ils ne veulent pas, pour un mieux idéal, renverser un ordre de choses fondé sur l'égalité, la justice et la liberté. Oui, messieurs, je dois le répéter, quelles qu'aient été mes opinions individuelles lors de la revision de la Constitution, *sur les choses et sur les hommes*, maintenant qu'elle est jurée, j'appellerai à grands cris la mort sur le premier qui lèverait un bras sacrilège pour l'attaquer, fût-ce mon frère, mon ami, fût-ce mon propre fils ; tels sont mes sentiments.

La volonté générale du peuple français, manifestée aussi solennellement que son adhésion à la Constitution, sera toujours ma loi suprême. J'ai consacré ma vie tout entière à ce peuple qu'on n'attaquera plus, qu'on ne trahira plus impunément, et qui purgera bientôt la terre de tous les tyrans, s'ils ne renoncent pas à la ligue qu'ils ont formée contre lui. Je périrai, s'il le faut, pour défendre sa cause ; lui seul aura mes derniers vœux, lui seul les mérite ; ses lumières et son courage l'ont tiré de l'abjection du néant ; ses lumières et son courage le rendront éternel.

II

SUR LES MESURES RÉVOLUTIONNAIRES

(28 *août* 1792)

Dans la séance du 28 août de la Législative, Danton, ministre de la Justice, monta à la tribune pour exposer les mesures révolutionnaires qu'il semblait important de prendre. Merlin (de Thionville) convertit la proposition en motion que la Législative vota et qui, le lendemain, fut mise à exécution. Les barrières furent fermées à 2 heures, et les visites domiciliaires durèrent jusqu'à l'aube.

Le pouvoir exécutif provisoire m'a chargé d'entretenir l'Assemblée nationale des mesures qu'il a prises pour le salut de l'Empire. Je motiverai ces mesures en ministre du peuple, en ministre révolutionnaire. L'ennemi menace le royaume, mais l'ennemi n'a pris que Longwy. Si les commissaires de l'Assemblée n'avaient pas contrarié par erreur les opérations du pouvoir exécutif, déjà l'armée remise à Kellermann se serait concertée avec celle de Dumouriez. Vous voyez que nos dangers sont exagérés.

Il faut que l'armée se montre digne de la nation. C'est par une convulsion que nous avons renversé le despotisme ; c'est par une grande convulsion nationale que nous ferons rétrograder les despotes. Jusqu'ici nous n'avons fait que la guerre simulée de Lafayette, il faut faire une guerre plus terrible. Il est temps de dire au peuple qu'il doit se précipiter en masse sur les ennemis.

Telle est notre situation que tout ce qui peut matériellement servir à notre salut doit y concourir. Le pouvoir exécutif va nommer des commissaires pour aller exercer dans les départements, l'influence de l'opinion. Il a pensé que vous deviez en nommer aussi pour les accompagner, afin que la réunion des représentants des deux pouvoirs produise un effet plus salutaire et plus prompt.

Nous vous proposons de déclarer que chaque municipalité sera autorisée à prendre l'élite des hommes bien équipés qu'elle possède. On a jusqu'à ce moment fermé les portes de la capitale et on a eu raison ; il était important de se saisir des traîtres ; mais, y en eût-il 30.000 à arrêter, il faut qu'ils soient arrêtés demain, et que demain Paris communique avec la France entière. Nous demandons que vous nous autorisiez à *faire faire des visites domiciliaires.*

Il doit y avoir dans Paris 80.000 fusils en état. Eh bien! il faut que ceux qui sont armés volent aux frontières. Comment les peuples qui ont conquis la liberté l'ont-ils conservée? Ils ont volé à l'ennemi, ils ne l'ont point attendu. Que dirait la France, si Paris dans la stupeur attendait l'arrivée des ennemis? Le peuple français a voulu être libre; il le sera. Bientôt des forces nombreuses seront rendues ici. On mettra à la disposition des municipalités tout ce qui sera nécessaire, en prenant l'engagement d'indemniser les possesseurs. Tout appartient à la patrie, quand la patrie est en danger.

III

SUR LA PATRIE EN DANGER

(2 *septembre* 1792)

Le matin du 2 septembre on apprit à Paris, après les premiers succès de Brunswick et la capitulation de Longwy, l'investissement de Verdun. Une émotion et une fureur extraordinaires s'emparèrent de la capitale, et tandis que Danton tonnait à la tribune, le peuple se vengeait, sur les suspects des prisons, des malheurs de la patrie. « Il me semble, écrit avec raison M. Aulard, que cette véhémente harangue peut être considérée comme un des efforts les plus remarquables de Danton pour empêcher les massacres[1]. » Elles ne les empêcha point, mais assura, du moins, la gloire à son auteur.

Il est satisfaisant, pour les ministres du peuple libre, d'avoir à lui annoncer que la patrie va être sauvée. Tout s'émeut, tout s'ébranle, tout brûle de combattre.

1. F.-A. Aulard. *Études et Leçons sur la Révolution française*, t. II, p. 54; Paris, Félix Alcan, 1898.

2

Vous savez que Verdun n'est point encore au pouvoir de nos ennemis. Vous savez que la garnison a promis d'immoler le premier qui proposerait de se rendre.

Une partie du peuple va se porter aux frontières, une autre va creuser des retranchements, et la troisième, avec des piques, défendra l'intérieur de nos villes. Paris va seconder ces grands efforts. Les commissaires de la Commune vont proclamer, d'une manière solennelle, l'invitation aux citoyens de s'armer et de marcher pour la défense de la patrie. C'est en ce moment, messieurs, que vous pouvez déclarer que la capitale a bien mérité de la France entière. C'est en ce moment que l'Assemblée nationale va devenir un véritable comité de guerre. Nous demandons que vous *concouriez avec nous* à diriger le mouvement sublime du peuple, en nommant des commissaires qui nous seconderont dans ces grandes mesures. Nous demandons que quiconque refusera de servir de sa personne, ou de remettre ses armes, sera puni de mort.

Nous demandons qu'il soit fait une instruction aux citoyens pour diriger leurs mouvements. Nous demandons qu'il soit envoyé des courriers dans tous les départements pour avertir des décrets que vous aurez rendus. Le tocsin qu'on va sonner n'est point un signal d'alarme, c'est la charge sur les ennemis de la patrie. Pour les vaincre, il nous faut de l'audace, encore de l'audace, toujours de l'audace, et la France est sauvée[1].

1. Texte du *Moniteur*. — Celui du *Journal des Débats et des Décrets* offre quelques légères variantes.

IV

SUR LE ROLE DE LA CONVENTION

(21 *septembre* 1792)

Paris nomma, le 8 septembre, Danton représentant à la Convention nationale. Dès longtemps son choix entre la fonction de ministre et celle de député était fait. « Il n'hésitera pas un moment à quitter le ministère pour être représentant du peuple », écrivait le 26 août Camille Desmoulins à son père[1]. Le 21 septembre, dans la deuxième séance de la Convention nationale, Danton donna sa démission du ministère. Il indiqua, en outre, dans son discours, le véritable rôle de la Convention et les devoirs qu'elle assumait devant le peuple dont elle était l'émanation. Improvisation brève et nerveuse, inspirée des mêmes sentiments qui dictèrent celle sur les mesures révolutionnaires.

Avant d'exprimer mon opinion sur le premier acte[2] que doit faire l'Assemblée nationale, qu'il me

1. *Œuvres de Camille Desmoulins*, recueillies et publiées d'après les textes originaux, par M. Jules Claretie, t. II, p. 369; Paris, Fasquelle.
2. L'abolition de la royauté.

soit permis de résigner dans son sein les fonctions qui m'avaient été déléguées par l'Assemblée législative. Je les ai reçues au bruit du canon, dont les citoyens de la capitale foudroyèrent le despotisme. Maintenant que la jonction des armées est faite, que la jonction des représentants du peuple est opérée, je ne dois plus reconnaître mes fonctions premières; je ne suis plus qu'un mandataire du peuple, et c'est en cette qualité que je vais parler. On vous a proposé des serments ; il faut, en effet, qu'en entrant dans la vaste carrière que vous avez à parcourir, vous appreniez au peuple, par une déclaration solennelle, quels sont les sentiments et les principes qui présideront à vos travaux.

Il ne peut exister de constitution que celle qui sera textuellement, nominativement acceptée par la majorité des assemblées primaires. Voilà ce que vous devez déclarer au peuple. Les vains fantômes de dictature, les idées extravagantes de triumvirat, toutes ces absurdités inventées pour effrayer le peuple disparaissent alors, puisque rien ne sera constitutionnel que ce qui aura été accepté par le peuple. Après cette déclaration, vous en devez faire une autre qui n'est pas moins importante pour la liberté et pour la tranquillité publique. Jusqu'ici on a agité le peuple, parce qu'il fallait lui donner l'éveil contre les tyrans. Maintenant il *faut que les lois soient aussi terribles contre ceux*

2.

qui y porteraient atteinte, que le peuple l'a été en foudroyant la tyrannie; il faut qu'elles punissent tous les coupables pour que le peuple n'ait plus rien à désirer. On a paru croire, d'excellents citoyens ont pu présumer que des amis ardents de la liberté pouvaient nuire à l'ordre social en exagérant les principes; eh bien, abjurons ici toute exagération; déclarons que toutes les propriétés territoriales, individuelles et industrielles seront éternellement maintenues. Souvenons-nous ensuite que nous avons tout à revoir, tout à recréer; que la déclaration des droits elle-même n'est pas sans tache, et qu'elle doit passer à la revision d'un peuple vraiment libre.

V

SUR LE CHOIX DES JUGES

(22 septembre 1792)

Après être intervenu dans le conflit entre la population d'Orléans et ses officiers municipaux royalistes, Danton prit part, dans la séance du 22 septembre, à la discussion des réformes à opérer dans le système judiciaire. Ce discours est particulièrement remarquable en ce sens que c'est un des rares où l'avocat ait passé devant le citoyen, sans toutefois l'oublier. La Convention décida que les juges pourraient être choisis parmi toutes les classes des citoyens.

Je ne crois pas que vous deviez dans ce moment changer l'ordre judiciaire; mais je pense seulement que vous devez étendre la faculté des choix. Remarquez que tous les hommes de loi sont d'une aristocratie révoltante; si le peuple est forcé de choisir parmi ces hommes, *il ne saura où reposer sa confiance*. Je pense que si l'on pouvait, au contraire, établir dans les élections un principe d'exclusion, ce devrait être contre ces hommes de loi qui jusqu'ici se sont arrogé un privilège exclusif, qui a été une des grandes plaies du genre humain. Que le peuple choisisse à son gré les hommes à talents qui mériteront sa confiance. Il ne se plaindra pas quand il aura choisi à son gré. Au lieu qu'il aura sans cesse le droit de s'insurger contre des hommes entachés d'aristocratie que vous l'auriez forcé de choisir.

Élevez-vous à la hauteur des grandes considérations. Le peuple ne veut point de ses ennemis dans les emplois publics; laissez-lui donc la faculté de choisir ses amis. Ceux qui se sont fait un état de juger les hommes étaient comme les prêtres; les uns et les autres ont éternellement trompé le peuple. La justice doit se rendre par les simples lois de la raison. Et moi aussi, je connais les formes; et si l'on défend l'ancien régime judiciaire, je prends l'engagement de combattre en détail, pied à pied, ceux qui se montreront les sectateurs de ce régime[1].

Il s'agit de savoir s'il y a de graves inconvénients à décréter que le peuple pourra choisir indistinctement, parmi tous les citoyens, les

---

1. Quelques conventionnels s'étant, en cet endroit, opposés à la proposition de Danton, il continua, développant ses arguments en faveur de la libre élection de tous les citoyens au poste de juge.

hommes qu'il croira les plus capables d'appliquer
la justice. Je répondrai froidement et sans flagor-
nerie pour le peuple aux observations de M. Chassey. Il lui est échappé un aveu bien précieux; il
vous a dit que, comme membre du tribunal de
cassation, il avait vu arriver à ce tribunal une
multitude de procès extrêmement entortillés, et
tous viciés par des violations de forme. Comment
se fait-il qu'il convient que les praticiens sont
détestables, même en forme, et que cependant il
veut que le peuple ne prenne que des praticiens.
Il vous a dit ensuite : plus les lois actuelles sont
compliquées, plus il faut que les hommes chargés
de les appliquer soient versés dans l'étude de ces
lois.

Je dois vous dire, moi, que ces hommes infini-
ment versés dans l'étude des lois sont extrêmement
rares, que ceux qui se sont glissés dans la composition actuelle des tribunaux sont des subalternes;
qu'il y a parmi les juges actuels un grand nombre
de procureurs et même d'huissiers; eh bien, ces
mêmes hommes, loin d'avoir une connaissance
approfondie des lois, n'ont qu'un jargon de chicane; et cette science, loin d'être utile, est infini-
ment funeste. D'ailleurs on m'a mal interprété; je
n'ai pas proposé d'exclure les hommes de loi des
tribunaux, mais seulement de supprimer l'espèce
de privilège exclusif qu'ils se sont arrogé jusqu'à

présent. Le peuple élira sans doute tous les citoyens de cette classe, qui unissent le patriotisme aux connaissances, mais, à défaut d'hommes de loi patriotes, ne doit-il pas pouvoir élire d'autres citoyens? Le préopinant, qui a appuyé en partie les observations de M. Chassey, a reconnu lui-même la nécessité de placer un prud'homme dans la composition des tribunaux, d'y placer un citoyen, un homme de bon sens, reconnu pour tel dans son canton, pour réprimer l'esprit de dubitation qu'ont souvent les hommes barbouillés de la science de la justice.

En un mot, après avoir pesé ces vérités, attachez-vous surtout à celle-ci : le peuple a le droit de vous dire : tel homme est ennemi du nouvel ordre des choses, il a signé une pétition contre les sociétés populaires, il a adressé à l'ancien pouvoir exécutif des pétitions flagorneuses ; il a sacrifié nos intérêts à la cour, je ne puis lui accorder ma confiance. Beaucoup de juges, en effet, qui n'étaient pas très experts en mouvements politiques, ne prévoyaient pas la Révolution et la République naissante ; ils correspondaient avec le pouvoir exécutif, ils lui envoyaient une foule de pièces qui prouvaient leur incivisme : et, par une fatalité bien singulière ces pièces envoyées à M. Joly, ministre de la tyrannie, ont tombé entre les mains du ministre du peuple. C'est alors que je me suis

convaincu plus que jamais de la nécessité d'exclure
cette classe d'hommes des tribunaux; en un mot,
il n'y a aucun inconvénient grave, puisque le
peuple pourra réélire tous les hommes de loi qui
sont dignes de sa confiance.

VI

JUSTIFICATION CIVIQUE

(25 *septembre* 1792)

Le plus vif enthousiasme accueillit, le 25 septembre,
ce discours de Danton. Sous les attaques de Lasource,
l'accusant de former, avec Marat et Robespierre, un
triumvirat aspirant à la dictature, le grand orateur
civique se réveilla. On sait que Marat reconnut lui-
même qu'il était l'auteur de la proposition d'un triumvirat. Robespierre, Danton, disait-il, en « ont constamment improuvé l'idée ». Il est à remarquer que ce
discours de Danton contient, en germe, le décret du
1ᵉʳ avril suivant qui dépouilla les députés suspects de
leur inviolabilité[1]. C'est toutefois, malgré sa fougueuse
violence oratoire, un bel et pathétique appel à la concorde.

C'est un beau jour pour la nation, c'est un beau
jour pour la République française, que celui qui

1. *Moniteur* du jeudi 4 avril 1793, p. 94.

amène entre nous une explication fraternelle. S'il y a des coupables, s'il existe un homme pervers qui veuille dominer despotiquement les représentants du peuple, sa tête tombera aussitôt qu'il sera démasqué. On parle de dictature, de triumvirat. Cette imputation ne doit pas être une imputation vague et indéterminée; celui qui l'a faite doit la signer; je le ferai, moi, cette imputation dût-elle faire tomber la tête de mon meilleur ami. Ce n'est pas la députation de Paris prise collectivement qu'il faut inculper; je ne chercherai pas non plus à justifier chacun de ses membres, je ne suis responsable pour personne; je ne vous parlerai donc que de moi.

Je suis prêt à vous retracer le tableau de ma vie publique. Depuis trois ans, j'ai fait tout ce que j'ai cru devoir faire pour la liberté. Pendant la durée de mon ministère, j'ai employé toute la vigueur de mon caractère, j'ai apporté dans le conseil toute l'activité et tout le zèle d'un citoyen embrasé de l'amour de son pays. S'il y a quelqu'un qui puisse m'accuser à cet égard, qu'il se lève et qu'il parle. Il existe, il est vrai, dans la députation de Paris, un homme dont les opinions sont, pour le parti républicain, ce qu'étaient celles de Royou pour le parti aristocratique; c'est Marat. Assez et trop longtemps l'on m'a accusé d'être l'auteur des écrits de cet homme. J'invoque le témoignage du

citoyen qui vous préside[1]. Il lut, votre président,
la lettre menaçante qui m'a été adressée par ce
citoyen; il a été témoin d'une altercation qui a eu
lieu entre lui et moi à la mairie. Mais j'attribue
ces exagérations aux vexations que ce citoyen a
éprouvées. Je crois que les souterrains dans lesquels il a été enfermé ont ulcéré son âme... Il est
très vrai que d'excellents citoyens ont pu être
républicains par excès, il faut en convenir; mais
n'accusons pas pour quelques individus exagérés
une députation tout entière. Quant à moi, je
n'appartiens pas à Paris; je suis né dans un département vers lequel je tourne toujours mes
regards avec un sentiment de plaisir; mais aucun
de nous n'appartient à tel ou tel département, il
appartient à la France entière. Faisons donc
tourner cette discussion au profit de l'intérêt public.

Il est incontestable qu'il faut une loi vigoureuse
contre ceux qui voudraient détruire la liberté
publique. Eh bien! portons-la, cette loi, portons
une loi qui prononce la peine de mort contre
quiconque se déclarerait en faveur de la dictature
ou du triumvirat; mais après avoir posé ces bases
qui garantissent le règne de l'égalité, anéantis-

1. Pétion avait été, dès la première séance, élu président par
235 voix. (*Procès-verbal de la Convention nationale*, tome I.)

sons cet esprit de parti qui nous perdrait. On prétend qu'il est parmi nous des hommes qui ont l'opinion de vouloir morceler la France; faisons disparaître ces idées absurdes, en prononçant la peine de mort contre les auteurs. La France doit être un tout indivisible. Elle doit avoir unité de représentation. Les citoyens de Marseille veulent donner la main aux citoyens de Dunkerque. Je demande donc la peine de mort contre quiconque voudrait détruire l'unité en France, et je propose de décréter que la Convention nationale pose pour base du gouvernement qu'elle va établir l'unité de représentation et d'exécution. Ce ne sera pas sans frémir que les Autrichiens apprendront cette sainte harmonie; alors, je vous jure, nos ennemis sont morts.

VII

CONTRE ROLAND

(29 *octobre* 1792)

Danton mis en cause dès le 10 octobre par la Gironde au sujet de la gestion des fonds du ministère, et ce malgré qu'il eût rendu ses comptes le 6, trouva l'occasion, dans la séance du 29 octobre, d'attaquer de front ses calomniateurs. Ce fut le rapport de Roland qui le lui fournit. Tandis qu'il s'opposait énergiquement à l'envoi de cette pièce hypocrite et mensongère aux départements, il défendait Robespierre. Il n'avait pas oublié l'accusation de Lasource et c'est comme la seconde partie de son discours du 25 septembre précédent qu'il prononça le 29 octobre.

J'ai peine à concevoir comment l'Assemblée hésiterait à fixer décidément à un jour prochain la discussion que nécessite le rapport du ministre. Il est temps enfin que nous sachions de qui nous sommes les collègues; il est temps que nos collègues sachent ce qu'ils doivent penser de nous. On

ne peut se dissimuler qu'il existe dans l'Assemblée
un grand germe de défiance entre ceux qui la
composent... Si j'ai dit une vérité que vous sentez
tous, laissez m'en donc tirer les conséquences. Eh
bien, ces défiances, il faut qu'elles cessent; et s'il
y a un coupable parmi nous, il faut que vous en
fassiez justice. Je déclare à la Convention et à la
nation entière que je n'aime point l'individu Marat;
je dis avec franchise que j'ai fait l'expérience de
son tempérament : non seulement il est volcanique
et acariâtre, mais insociable. Après un tel aveu
qu'il me soit permis de dire que, moi aussi, je suis
sans parti et sans faction. Si quelqu'un peut
prouver que je tiens à une faction, qu'il me confonde à l'instant... Si, au contraire, il est vrai que
ma pensée soit à moi, que je sois fortement décidé
à mourir plutôt que d'être cause d'un déchirement
ou d'une tendance à un déchirement dans la République, je demande à énoncer ma pensée tout entière
sur notre situation politique actuelle.

Sans doute il est beau que la philanthropie, qu'un
sentiment d'humanité fasse gémir le ministre de
l'Intérieur et tous les grands citoyens sur les
malheurs inséparables d'une grande révolution,
sans doute on a le droit de réclamer toute la rigueur
de la justice nationale contre ceux qui auraient
évidemment servi leurs passions particulières au
lieu de servir la Révolution et la liberté. Mais

comment se fait-il qu'un ministre qui ne peut pas
ignorer les circonstances qui ont amené les événements dont il vous a entretenus oublie les principes et les vérités qu'un autre ministre vous a
développés sur ces mêmes événements[1]. Rappelez-vous ce que le ministre actuel de la Justice
vous a dit sur ces malheurs inséparables de la
Révolution. Je ne ferai point d'autre réponse au
ministre de l'Intérieur. Si chacun de nous, si tout
républicain a le droit d'invoquer la justice contre
ceux qui n'auraient excité des troubles révolutionnaires que pour assouvir des vengeances particulières, je dis qu'on ne peut pas se dissimuler non
plus que jamais trône n'a été fracassé sans que ses
éclats blessassent quelques bons citoyens; que
jamais révolution complète n'a été opérée sans que
cette vaste démolition de l'ordre de choses existant
n'ait été funeste à quelqu'un; qu'il ne faut donc
pas imputer, ni à la cité de Paris, ni à celles qui
auraient pu présenter les mêmes désastres, ce qui
est peut-être l'effet de quelques vengeances particulières dont je ne nie pas l'existence; mais ce qui
est bien plus probablement la suite de cette com-
motion générale, de cette fièvre nationale qui a produit les miracles dont s'étonnera la postérité. Je

1. Danton entend désigner Garat qui était précédemment intervenu.

dis donc que le ministre a cédé à un sentiment que je respecte, mais que son amour passionné pour l'ordre et les lois lui a fait voir sous la couleur de l'esprit de faction et de grands complots d'État, ce qui n'est peut-être que la réunion de petites et misérables intrigues dans leur objet comme dans leurs moyens. Pénétrez-vous de cette vérité qu'il ne peut exister de faction dans une république; il y a des passions qui se cachent; il y a des crimes particuliers; mais il n'y a pas de ces complots vastes et particuliers qui puissent porter atteinte à la liberté. Et où sont donc ces hommes qu'on accuse comme des conjurés, comme des prétendants à là dictature ou au triumvirat? Qu'on les nomme? Oui, nous devons réunir nos efforts pour faire cesser l'agitation de quelques ressentiments et de quelques prétentions personnelles, plutôt que de nous effrayer par de vains et chimériques complots dont on serait bien embarrassé d'avoir à prouver l'existence. Je provoque donc une explication franche sur les défiances qui nous divisent, je demande que la discussion sur le Mémoire du ministre soit ajournée à jour fixe, parce que je désire que les faits soient approfondis, et que la Convention prenne des mesures contre ceux qui peuvent être coupables.

J'observe que c'est avec raison qu'on a réclamé contre l'envoi aux départements de lettres qui inculpent indirectement les membres de cette

Assemblée, et je déclare que tous ceux qui parlent de la faction Robespierre sont à mes yeux ou des hommes prévenus ou de mauvais citoyens. Que tous ceux qui ne partagent pas mon opinion me la laissent établir avant de la juger. Je n'ai accusé personne et je suis prêt à repousser toutes les accusations. C'est parce que je m'en sens la force et que je suis inattaquable que je demande la discussion pour lundi prochain. Je la demande pour lundi, parce qu'il faut que les membres qui veulent accuser s'assurent de leurs matériaux et puissent rassembler leurs pièces, et pour que ceux qui se trouvent en état de les réfuter puissent préparer leurs développements et repousser à leur tour des imputations calomnieuses. Ainsi, les bons citoyens qui ne cherchent que la lumière, qui veulent connaître les choses et les hommes, sauront bientôt à qui ils doivent leur haine, ou la fraternité qui seule peut donner à la Convention cette marche sublime qui marquera sa carrière.

VIII

POUR LA LIBERTÉ
DES OPINIONS RELIGIEUSES

(7 novembre 1792)

Danton dont la politique n'eut jamais rien de dogmatique, dont le civisme s'alliait avec la tolérance, intervint plusieurs fois dans les discussions religieuses à la Convention. Dans le cas présent, en parlant en faveur des prêtres, il parlait aussi en faveur de la liberté des opinions religieuses, et une fois encore son patriotisme, éclairé et prévoyant, lui dictait cette intervention. Avec la suppression brusque du culte il prévoyait des troubles, la guerre civile, les mille maux que créent des citoyens violemment heurtés dans la liberté de leur conscience. En outre, l'encyclopédiste révélait là ses théories les plus chères, en déclarant que « c'est un crime de lèse-nation que d'ôter au peuple des hommes dans lesquels il peut trouver encore quelques consolations ». Il est difficile de ne point rendre hommage à la noblesse de cette pensée.

Je viens ajouter quelques idées à celles qu'a développées le préopinant. Sans doute il est

douloureux pour les représentants du peuple de
voir que leur caractère est plus indignement, plus
insolemment outragé par le peuple lui-même que
par ce Lafayette, complice des attentats du despotisme. On ne peut se dissimuler que les partisans
du royalisme, les fanatiques et les scélérats qui,
malheureusement pour l'espèce humaine, se
trouvent disséminés sur tous les points de la République, ne rendent la liberté déplorable. Il y a eu
une violation infâme, il faut la réprimer; il faut
sévir contre ceux qui, prétextant la souveraineté
nationale, attaquent cette souveraineté et se
souillent de tous les crimes. Il y a des individus
bien coupables, car qui peut excuser celui qui
veut agiter la France? N'avez-vous pas déclaré que
la Constitution serait présentée à l'acceptation du
peuple? Mais il faut se défier d'une idée jetée dans
cette Assemblée. On a dit qu'il ne fallait pas que
les prêtres fussent salariés par le trésor public. On
s'est appuyé sur des idées philosophiques qui me
sont chères; car je ne connais d'autre bien que
celui de l'univers, d'autre culte que celui de la
justice et de la liberté. Mais l'homme maltraité de
la fortune cherche des jouissances éventuelles;
quand il voit un homme riche se livrer à tous ses
goûts, caresser tous ses désirs, tandis que ses
bésoins à lui sont restreints au plus étroit nécessaire, alors il croit, et cette idée est consolante

pour lui, il croit que dans une autre vie ses jouissances se multiplieront en proportion de ses privations dans celle-ci. Quand vous aurez eu pendant quelque temps des officiers de morale qui auront fait pénétrer la lumière auprès des chaumières, alors il sera bon de parler au peuple morale et philosophie. Mais jusque-là il est barbare, c'est un crime de lèse-nation que d'ôter au peuple des hommes dans lesquels il peut trouver encore quelques consolations. Je penserais donc qu'il serait utile que la Convention fît une adresse pour persuader au peuple qu'elle ne veut rien détruire, mais tout perfectionner; que si elle poursuit le fanatisme, c'est parce qu'elle veut la liberté des opinions religieuses. Il est encore un objet qui mérite l'attention et qui exige la prompte décision de l'Assemblée. Le jugement du ci-devant roi est attendu avec impatience; d'une part, le républicain est indigné de ce que ce procès semble interminable; de l'autre, le royaliste s'agite en tous sens, et comme il a encore des moyens de finances et qu'il conserve son orgueil accoutumé, vous verrez, au grand scandale et au grand malheur de la France, ces deux partis s'entre-choquer encore. S'il faut des sacrifices d'argent, si les millions mis à la disposition du ministre ne suffisent pas, il faut lui en donner de nouveaux; mais plus vous prendrez de précautions sages, plus aussi doit

éclater votre justice contre les agitateurs. Ainsi,
d'une part, assurance au peuple qu'il lui sera
fourni des blés, accélération du jugement du
ci-devant roi, et déploiement des forces nationales
contre les scélérats qui voudraient amener la
famine au milieu de l'abondance : telles sont les
conclusions que je vous propose, et que je crois les
seules utiles.

ANNÉE 1793

IX

PROCÈS DE LOUIS XVI

(Janvier 1793)

Après les succès de Dumouriez contre les forces prussiennes, la majorité girondine du Conseil exécutif décida, sur les instances du général, l'envahissement des Pays-Bas. Le 1er décembre 1792, Danton partit, avec Lacroix, rejoindre les armées, sur l'ordre de la Convention. Le 14 janvier il revenait à Paris et, le surlendemain, prenait part aux débats du procès du Roi. Parlant sur la question du jugement, il demanda qu'il fût rendu à la simple majorité :

On a prétendu que telle était l'importance de cette question, qu'il ne suffisait pas qu'on la vidât dans la forme ordinaire. Je demande pourquoi, quand c'est par une simple majorité qu'on a

4

prononcé sur le sort de la nation entière, quand on
n'a pas même pensé à soulever cette question
lorsqu'il s'est agi d'abolir la royauté, on veut
prononcer sur le sort d'un individu, d'un conspirateur avec des formes plus sévères et plus
solennelles. Nous prononçons comme représentant
par provision la souveraineté. Je demande si,
quand une loi pénale est portée contre un individu
quelconque, vous renvoyez au peuple, ou si vous
avez quelques scrupules à lui donner son exécution
immédiate? Je demande si vous n'avez pas voté à
la majorité absolue seulement la république, la
guerre; et je demande si le sang qui coule au
milieu des combats ne coule pas définitivement?
Les complices de Louis n'ont-ils pas subi immé-
diatement la peine sans aucun recours au peuple
et en vertu de l'arrêt d'un tribunal extraordinaire?
Celui qui a été l'âme de ces complots mérite-t-il
une exception? Vous êtes envoyés par le peuple
pour juger le tyran, non pas comme juges propre-
ment dits, mais comme représentants : vous ne
pouvez dénaturer votre caractère; je demande
qu'on passe à l'ordre du jour sur la proposition de
Lehardy; je me motive et sur les principes et sur
ce que vous avez déjà pris deux délibérations à la
simple majorité.

Présent lors de l'appel nominal sur la troisième

question : « Quelle peine Louis Capet, ci-devant roi des Français, a-t-il encourue ? », il vota la mort, motivant en ces termes son opinion :

Je ne suis point de cette foule d'hommes d'État qui ignorent qu'on ne compose point avec les tyrans, qui ignorent qu'on ne frappe les rois qu'à la tête, qui ignorent qu'on ne doit rien attendre de ceux de l'Europe que par la force de nos armes. Je vote pour la mort du tyran.

Son intervention dans la séance du 17 janvier fut marquée d'un incident assez vif. Le président ayant annoncé l'arrivée d'une lettre des défenseurs de Louis XVI et d'une missive du ministre d'Espagne en faveur du monarque, Garan-Coulon prit la parole et dès le premier mot fut interrompu par Danton. Louvet s'écria, de sa place : « Tu n'es pas encore roi, Danton ! » A ce grief girondin habituel, les rumeurs éclatèrent, tandis que Louvet continuait : « Quel est donc ce privilège? Je demande que le premier qui interrompra soit rappelé à l'ordre. » A cette impertinence de l'auteur de *Faublas*, Danton riposta : « Je demande que l'insolent qui dit que je ne suis pas roi encore soit rappelé à l'ordre du jour avec censure... » Et s'adressant à Garan-Coulon, il ajouta : « Puisque Garan prétend avoir demandé la parole avant moi, je la lui cède. ». Garan ayant parlé en faveur de l'audition des défenseurs du Roi, Danton prit la parole pour appuyer cet avis, et s'élever en termes vigoureux et éloquents contre la prétention du ministre d'Espagne :

Je consens à ce que les défenseurs de Louis
soient entendus après que le décret aura été prononcé, persuadé qu'ils n'ont rien de nouveau à
vous apprendre, et qu'ils ne vous apportent point
de pièces capables de faire changer votre détermi-
nation. Quant à l'Espagne, je l'avouerai, je suis
étonné de l'audace d'une puissance qui ne craint
pas de prétendre à exercer son influence sur votre
délibération. Si tout le monde était de mon avis,
on voterait à l'instant, pour cela seul, la guerre à
l'Espagne. Quoi ! on ne reconnaît pas notre République et l'on veut lui dicter des lois? On ne la
reconnaît pas, et l'on veut lui imposer des condi-
tions, participer au jugement que ses représentants vont rendre ? Cependant qu'on entende si on
le veut cet ambassadeur, mais que le président
lui fasse une réponse digne du peuple dont il sera
l'organe et qu'il lui dise que les vainqueurs de
Jemmapes ne démentiront pas la gloire qu'ils ont
acquise, et qu'ils retrouveront, pour exterminer
tous les rois de l'Europe conjurés contre nous, les
forces qui déjà les ont fait vaincre. Défiez-vous,
citoyens, des machinations qu'on ne va cesser
d'employer pour vous faire changer de détermi-
nation ; on ne négligera aucun moyen ; tantôt,
pour obtenir des délais, on prétextera un motif
politique ; tantôt une négociation importante ou à
entreprendre ou prête à terminer. Rejetez, rejetez,

citoyens, toute proposition honteuse; point de
transaction avec la tyrannie ; soyez dignes du
peuple qui vous a donné sa confiance et qui juge-
rait ses représentants, si ses représentants l'avaient
trahi.

Dans la nuit du 17 au 18 janvier, alors que Vergniaud
avait déjà prononcé l'arrêt condamnant par 366 voix
Louis XVI à la peine de mort, la Convention décida de
délibérer sur la question : *Y aura-t-il sursis, oui ou
non, à l'exécution du décret qui condamne Louis Capet ?*
L'appel nominal commencé, malgré la fatigue de l'Assemblée, à huit heures et demie, se termina vers
minuit. On sait que, par 380 voix contre 310, ce sursis
fut rejeté. Tallien avait demandé à la Convention de
décider sur-le-champ de la question du sursis. Danton
était intervenu aux débats dans ces termes :

On vous a parlé d'humanité, mais on en a réclamé
les droits d'une manière dérisoire... Il ne faut pas
décréter, en sommeillant, les plus chers intérêts
de la patrie. Je déclare que ce ne sera ni par la
lassitude, ni par la terreur qu'on parviendra à
entraîner la Convention nationale à statuer, dans
la précipitation d'une délibération irréfléchie, sur
une question à laquelle la vie d'un homme et le
salut public sont également attachés. Vous avez
appris le danger des délibérations soudaines ; et
certes, pour la question qui nous occupe, vous avez
besoin d'être préparés par des méditations profon-

dément suivies. La question qui vous reste à
résoudre est une des plus importantes. Un de vos
membres, Thomas Payne, a une opinion importante à vous communiquer. Peut-être ne sera-t-il
pas sans importance d'apprendre de lui ce qu'en
Angleterre... (*Murmures.*) Je n'examine point
comment on peut flatter le peuple, en adulant en
lui un sentiment qui n'est peut-être que celui d'une
curiosité atroce. Les véritables amis du peuple
sont à mes yeux ceux qui veulent prendre toutes
les mesures nécessaires pour que le sang du peuple
ne coule pas, que la source de ses larmes soit tarie,
que son opinion soit ramenée aux véritables principes de la morale, de la justice et de la raison. Je
demande donc la question préalable sur la proposition de Tallien; et que, si cette proposition était
mise aux voix, elle ne pût l'être que par l'appel
nominal.

X

POUR LEPELETIER ET CONTRE ROLAND

(21 *janvier* 1793)

Le dimanche 20 janvier, dans le sous-sol du restaurant Teisier, au Palais-Royal, un ancien garde du corps nommé Deparis, tua d'un coup de sabre Michel Lepeletier de Saint-Fargeau. Dans sa séance du 21, la Convention décida d'accorder à ce dernier les honneurs du Panthéon, tandis que, désireux de frapper les contre-révolutionnaires qu'ils présumaient être les instigateurs de l'assassinat, plusieurs députés demandaient des visites domiciliaires pareilles à celles-là mêmes que Danton demanda le 28 août 1892. S'associant à la première proposition, Danton s'éleva contre la seconde. La Convention ordonna néanmoins la mesure, qui fut exécutée dans la nuit qui suivit. On retrouvera dans ce beau et rude discours du conventionnel un nouvel écho de la lutte contre la Gironde. Elle allait bientôt atteindre son paroxysme et proscrire toute clémence. Mais une fois encore l'amour de la patrie passa avant toute querelle politique, et jamais plus belle profession de foi patriotique ne fut mêlée à plus d'abnégation.

Ce qui honore le plus les Français, c'est que
dans des moments de vengeance le peuple ait surtout respecté ses représentants. Que deviendrions-
nous, si, au milieu des doutes que l'on jette sur
une partie de cette assemblée, l'homme qui a péri
victime des assassins n'était pas patriote! O Lepeletier, ta mort servira la République ; je l'envie, ta
mort. Vous demandez pour lui les honneurs du
Panthéon ; mais il a déjà recueilli les palmes du
martyre de la Liberté. Le moyen d'honorer sa
mémoire, c'est de jurer que nous ne nous quitterons
pas sans avoir donné une Constitution à la République. Qu'il me sera doux de vous prouver que
je suis étranger à toutes les passions!

Je ne suis point l'accusateur de Pétion ; à mon
sens il eut des torts. Pétion peut avoir été faible ;
mais, je l'avoue avec douleur, bientôt la France ne
saura plus sur qui reposer sa confiance. Quant aux
attentats dont nous avons tous gémi, l'on aurait
dû vous dire clairement que nulle puissance n'aurait pu les arrêter. Ils étaient la suite de cette rage
révolutionnaire qui animait tous les esprits. Les
hommes qui connaissent le mieux ces événements
terribles furent convaincus que ces actes étaient
la suite nécessaire de la fureur d'un peuple qui
n'avait jamais obtenu justice. J'adjure tous ceux
qui me connaissent de dire si je suis un buveur de
sang, si je n'ai pas employé tous les moyens de

conserver la paix dans le conseil exécutif. Je prends
à témoin Brissot lui-même. N'ai-je pas montré une
extrème déférence pour un vieillard dont le caractère est opiniâtre, et qui aurait dû au contraire
épuiser tous les moyens de douceur pour rétablir
le calme? Roland, dont je n'accuse pas les intentions,
répute scélérats tous ceux qui ne partagent pas ses
opinions. Je demande pour le bien de la République qu'il ne soit plus ministre ; je désire le salut
public, vous ne pouvez suspecter mes intentions.
Roland, ayant craint d'être frappé d'un mandat dans
des temps trop fameux, voit partout des complots ;
il s'imagine que Paris veut s'attribuer une espèce
d'autorité sur les autres communes. C'est là sa
grande erreur. Il a concouru à animer les départements contre Paris, qui est la ville de tous. On a
demandé une force départementale pour environner
la Convention. Eh bien, cette garde n'aura pas plus
tôt séjourné dans Paris, qu'elle y prendra l'esprit
du peuple. En doutez-vous maintenant ? Je puis
attester sans acrimonie que j'ai acquis la conviction
que Roland a fait circuler des écrits qui disent
que Paris veut dominer la République.

Quant aux visites domiciliaires, je m'oppose à
cette mesure dans son plein, dans un moment où
la nation s'élève avec force contre le bill rendu
contre les étrangers ; mais il vous faut un comité
de sûreté générale qui jouisse de la plénitude de

votre confiance ; lorsque les deux tiers des membres de ce conseil tiendront les fils d'un complot, qu'ils puissent se faire ouvrir les maisons.

Maintenant que le tyran n'est plus, tournons toute notre énergie, toutes nos agitations vers la guerre. Faisons la guerre à l'Europe. Il faut, pour épargner les sueurs et le sang de nos concitoyens, développer la prodigalité nationale. Vos armées ont fait des prodiges dans un moment déplorable, que ne feront-elles pas quand elles seront bien secondées ? Chacun de nos soldats croit qu'il vaut deux cents esclaves. Si on leur disait d'aller à Vienne, ils iraient à Vienne ou à la mort. Citoyens, prenez les rênes d'une grande nation, élevez-vous à sa hauteur, organisez le ministère, qu'il soit médiatement nommé par le peuple.

Un autre ministère est entre les mains d'un bon citoyen, mais il passe ses forces ; je ne demande pas qu'on le ravisse à ses fonctions, mais qu'elles soient partagées.

Quant à moi, je ne suis pas fait pour venger des passions personnelles, je n'ai que celle de mourir pour mon pays ; je voudrais, au prix de mon sang, rendre à la patrie le défenseur qu'elle a perdu.

XI

SUR

LA RÉUNION DE LA BELGIQUE A LA FRANCE

(31 *janvier* 1793)

Les premiers succès de Dumouriez dans les Pays-Bas causèrent un enthousiame indescriptible. La théorie girondine de la propagande révolutionnaire armée recevait sa sanction. Danton monta à la tribune dans, la séance du 31 janvier, comprenant tout le parti que pouvait tirer la jeune République de l'annexion de la Belgique au moment où, sur ce territoire, se livrait une guerre décisive. Le soir même, Danton partait pour les frontières. On sait que c'est durant ce voyage que mourut, le 10 février 1793, sa première femme Antoinette-Gabrielle Charpentier.

Ce n'est pas en mon nom seulement, c'est au nom des patriotes belges, du peuple belge, que je viens demander aussi la réunion de la Belgique. Je ne demande rien à votre enthousiasme, mais tout à votre raison, mais tout aux intérêts de la

République Française. N'avez-vous pas préjugé cette réunion quand vous avez décrété une organisation provisoire de la Belgique. Vous avez tout consommé par cela seul que vous avez dit aux amis de la liberté : organisez-vous comme nous. C'était dire : nous accepterons votre réunion si vous la proposez. Eh bien, ils la proposent aujourd'hui. Les limites de la France sont marquées par la nature. Nous les atteindrons dans leurs quatre points : à l'Océan, au Rhin, aux Alpes, aux Pyrénées. On nous menace des rois ! Vous leur avez jeté le gant, ce gant est la tête d'un roi, c'est le signal de leur mort prochaine. On vous menace de l'Angleterre ! Les tyrans de l'Angleterre sont morts. Vous avez la plénitude de la puissance nationale. Le jour où la Convention nommera des commissaires pour savoir ce qu'il y a dans chaque commune d'hommes et d'armes, elle aura tous les Français. Quant à la Belgique, l'homme du peuple, le cultivateur veulent la réunion. Lorsque nous leur déclarâmes qu'ils avaient le pouvoir de voter, ils sentirent que l'exclusion ne portait que sur les ennemis du peuple, et ils demandèrent l'exclusion de votre décret. Nous avons été obligés de donner la protection de la force armée au receveur des contributions auquel le peuple demandait la restitution des anciens impôts. Sont-ils mûrs, ces hommes-là ? De cette réunion dépend le sort de la République dans la Belgique. Ce n'est que parce que les patriotes pusillanimes doutent de cette réunion, que votre décret du 15 a éprouvé des oppositions. Mais prononcez-la et alors vous ferez exécuter les lois françaises, et alors les aristocrates, nobles et prêtres, purgeront la terre de la liberté. Cette purgation opérée, nous aurons des hommes, des armes de plus. La réunion décrétée, vous trouverez dans les Belges des républicains dignes de vous, qui feront mordre la poussière aux despotes. Je conclus donc à la réunion de la Belgique.

XII

SUR LES SECOURS A ENVOYER A DUMOURIEZ

(8 *mars* 1793)

La trahison de Dumouriez fut précédée des revers
qui amenèrent par la suite, au lendemain de sa convention avec Mack, l'évacuation de la Belgique par les
armées françaises. Danton, au cours de sa mission, eut
l'occasion de voir et de juger les déplorables résultats
de la campagne. Au moment où il revenait à Paris,
avec Lacroix, l'avant-garde de l'armée abandonnait
Liége à l'ennemi. La Convention décréta les mesures
proposées par Danton dans ce discours :

Nous avons plusieurs fois fait l'expérience que
tel est le caractère français, qu'il lui faut des dangers pour trouver toute son énergie. Eh bien, ce
moment est arrivé. Oui, il faut dire à la France
entière : « Si vous ne volez pas au secours de vos
frères de la Belgique, si Dumouriez est enveloppé
en Hollande, si son armée était obligée de mettre

bas les armes, qui peut calculer les malheurs incalculables d'un pareil événement? La fortune publique anéantie, la mort de 600.000 Français pourraient en être la suite! »

Citoyens, vous n'avez pas une minute à perdre; je ne vous propose pas en ce moment des mesures générales pour les départements, votre comité de défense vous fera demain son rapport. Mais nous ne devons pas attendre notre salut uniquement de la loi sur le recrutement; son exécution sera nécessairement lente, et des résultats tardifs ne sont pas ceux qui conviennent à l'imminence du danger qui nous menace. Il faut que Paris, cette cité célèbre et tant calomniée, il faut que cette cité qu'on aurait renversée pour servir nos ennemis qui redoutent son brûlant civisme contribue par son exemple à sauver la patrie. Je dis que cette ville est encore appelée à donner à la France l'impulsion qui, l'année dernière, a enfanté nos triomphes. Comment se fait-il que vou n'ayez pas senti que, s'il est bon de faire les lois avec maturité, on ne fait bien la guerre qu'avec enthousiasme? Toutes les mesures dilatoires, tout moyen tardif de recruter détruit cet enthousiasme, et reste souvent sans succès. Vous voyez déjà quels en sont les misérables effets.

Tous les Français veulent être libres. Ils se sont constitués en gardes nationales. Aux termes de

leur serments, ils doivent tous marcher quand la
patrie réclame leur secours.

Je demande, par forme de mesure provisoire,
que la Convention nomme des commissaires qui,
ce soir, se rendront dans toutes les sections de
Paris, convoqueront les citoyens, leur feront
prendre les armes, et les engageront, au nom de
la liberté et de leurs serments, à voter la défense
de la Belgique. La France entière sentira le contre-
coup de cette impulsion salutaire. Nos armées
recevront de prompts renforts; et, il faut le dire
ici, les généraux ne sont pas aussi répréhensibles
que quelques personnes ont paru le croire. Nous
leur avions promis qu'au 1er février l'armée de la
Belgique recevrait un renfort de 30.000 hommes.
Rien ne leur est arrivé. Il y a trois mois qu'à notre
premier voyage dans la Belgique ils nous dirent
que leur position militaire était détestable, et que,
sans un renfort considérable, s'ils étaient attaqués
au printemps, ils seraient peut-être forcés d'éva-
cuer la Belgique entière. Hâtons-nous de réparer
nos fautes. Que ce premier avantage de nos ennemis soit, comme celui de l'année dernière, le
signal du réveil de la nation. Qu'une armée, con-
servant l'Escaut, donne la main à Dumouriez, et
les ennemis seront dispersés. Si nous avons perdu
Aix-la-Chapelle, nous trouverons en Hollande des
magasins immenses qui nous appartiennent.

Dumouriez réunit au génie du général l'art d'échauffer et d'encourager le soldat. Nous avons entendu l'armée battue le demander à grands cris. L'histoire jugera ses talents, ses passions et ses vices; mais ce qui est certain, c'est qu'il est intéressé à la splendeur de la République. S'il est secondé, si une armée lui prête la main, il saura faire repentir nos ennemis de leurs premiers succès.

Je demande que des commissaires soient nommés à l'instant.

XIII

SUR LA LIBÉRATION DES PRISONNIERS

POUR DETTES

(9 *mars* 1793)

Ce fut une des mesures les plus humaines que celle
réclamée par Danton dans ce discours. Avocat, il com-
prenait tout l'odieux du système; patriote, il en sentait
tout l'absurde au moment où la défense de la République exigeait toutes les énergies, toutes les forces
vives de la nation. La Convention s'associa à l'unanimité à la généreuse proposition de l'ancien ministre.

Non sans doute, citoyens, l'espoir de vos commissaires ne sera pas déçu. Oui, vos ennemis, les
ennemis de la liberté seront exterminés, parce
que vos efforts ne vont point se ralentir. Vous serez
dignes d'être les régulateurs de l'énergie nationale.
Vos commissaires, en se disséminant sur toutes les
parties de la République, vont répéter aux Français
que la grande querelle qui s'est élevée entre le

despotisme et la liberté va être enfin terminée. Le
peuple français sera vengé : c'est à nous qu'il
appartient de mettre le monde politique en harmonie, de créer des lois concordantes avec cette
harmonie. Mais avant de vous entretenir de ces
grands objets, je viens vous demander la déclaration d'un principe trop longtemps méconnu, l'abolition d'une erreur funeste, la destruction de la
tyrannie de la richesse sur la misère. Si la mesure
que je propose est adoptée, bientôt ce Pitt, le
Breteuil de la diplomatie anglaise, et ce Burke,
l'abbé Maury du Parlement britannique, qui don-
nent aujourd'hui au peuple anglais une impulsion
si contraire à la liberté, seront anéantis.

Que demandez-vous? Vous voulez que tous les
Français s'arment pour la défense commune. Eh
bien, il est une classe d'hommes qu'aucun crime
n'a souillés, qui a des bras, mais qui n'a pas de
liberté, c'est celle des malheureux détenus pour
dettes; c'est une honte pour l'humanité, pour la
philosophie, qu'un homme, en recevant de l'argent,
puisse hypothéquer et sa personne et sa sûreté.

Je pourrais démontrer que la déclaration du
principe que je proclame est favorable à la cupi-
dité même, car l'expérience prouve que celui qui
prêtait ne prenait aucune garantie pécuniaire,
parce qu'il pouvait disposer de la personne de son
débiteur; mais qu'importent ces considérations

mercantiles? Elles ne doivent pas influer sur une grande nation. Les principes sont éternels, et tout Français ne peut être privé de sa liberté que pour avoir forfait à la société.

Que les propriétaires ne s'alarment pas. Sans doute quelques individus se sont portés à des excès; mais la nation, toujours juste, repectera les propriétés. Respectez la misère, et la misère respectera l'opulence. Ne soyons jamais coupables envers les malheureux, et le malheureux, qui a plus d'âme que le riche, ne sera jamais coupable.

Je demande que la Convention nationale déclare que tout citoyen français, emprisonné pour dettes, sera mis en liberté, parce qu'un tel emprisonnement est contraire à la saine morale, aux droits de l'homme, aux vrais principes de la liberté.

XIV

SUR LES DEVOIRS DE CHACUN
ENVERS LA PATRIE EN DANGER

(10 *mars* 1793)

L'émotion des terribles nouvelles pesait sur la Convention dans la séance du 10 mars. L'ennemi occupait Liége et forçait à la levée du siège de Maëstricht. Le découragement avait succédé à l'enthousiasme des premiers jours. Nous tenons le discours que Danton prononça à cette occasion pour le plus admirable morceau d'éloquence civique. Jamais appel plus vibrant, plus électrique ne fut lancé à la nation par l'homme qui s'effaçait devant le danger de la patrie. Le dédain qu'il eut toujours pour sa défense personnelle se manifeste une fois encore ici : « Que m'importe d'être appelé buveur de sang!... Conquérons la liberté! » Vingt jours plus tard, la trahison de Dumouriez était chose faite.

Les considérations générales qui vous ont été présentées sont vraies; mais il s'agit moins en ce moment d'examiner les causes des événements désastreux qui peuvent nous frapper, que d'y appliquer promptement le remède. Quand l'édifice est en feu, je ne m'attache pas aux fripons qui enlèvent les meubles, j'éteins l'incendie. Je dis que vous devez être convaincus plus que jamais, par la lecture des dépêches de Dumouriez, que vous n'avez pas un instant à perdre pour sauver la République.

Dumouriez avait conçu un plan qui honore son génie. Je dois lui rendre même une justice bien plus éclatante que celle que je lui rendis dernièrement. Il y a trois mois qu'il a annoncé au pouvoir exécutif, à votre comité de défense générale, que, si nous n'avions pas assez d'audace pour envahir la Hollande au milieu de l'hiver, pour déclarer sur-le-champ la guerre à l'Angleterre, qui nous la faisait depuis longtemps, nous doublerions les difficultés de la campagne, en laissant aux forces ennemies le temps de se déployer. Puisque l'on a méconnu ce trait de génie, il faut réparer nos fautes.

Dumouriez ne s'est pas découragé; il est au milieu de la Hollande, il y trouvera des munitions; pour renverser tous nos ennemis, il ne lui faut que des Français, et la France est remplie de citoyens. Voulons-nous être libres? Si nous ne le voulons plus, périssons, car nous l'avions juré. Si nous le voulons, marchons tous pour défendre notre indépendance. Nos ennemis font leurs derniers efforts.

Pitt sent bien qu'ayant tout à perdre, il n'a rien à épargner. Prenons la Hollande, et Carthagène est détruite, et l'Angleterre ne peut plus vivre que pour la liberté... Que la Hollande soit conquise à la liberté, et l'aristocratie commerciale elle-même, qui domine en ce moment le peuple anglais, s'élèvera contre le gouvernement qui l'aura entraînée dans cette guerre du despotisme contre un peuple libre. Elle renversera ce ministère stupide qui a cru que les talents de l'ancien régime pouvaient étouffer le génie de la liberté qui plane sur la France. Ce ministère renversé par l'intérêt du commerce, le parti de la liberté se montrera, car il n'est pas mort; et si vous saisissez vos devoirs, si vos commissaires partent à l'instant, si vous donnez la main à l'étranger qui soupire après la destruction de toute espèce de tyrannie, la France est sauvée et le monde est libre.

Faites donc partir vos commissaires : soutenez-les par votre énergie; qu'ils partent ce soir, cette nuit même; qu'ils disent à la classe opulente : il faut que l'aristocratie de l'Europe, succombant sous nos efforts, paye notre dette, ou que vous la payiez; le peuple n'a que du sang; il le prodigue. Allons, misérables, prodiguez vos richesses. Voyez, citoyens, les belles destinées qui vous attendent. Quoi! vous avez une nation entière pour levier, la raison pour point d'appui, et vous n'avez pas encore bouleversé le monde. Il faut pour cela du caractère, et la vérité est qu'on en a manqué. Je mets de côté toutes les passions, elles me sont toutes parfaitement étrangères, excepté celle du bien public. Dans des circonstances plus difficiles, quand l'ennemi était aux portes de Paris, j'ai dit à ceux qui gouvernaient alors : Vos discussions sont misérables, je ne connais que l'ennemi.

Vous qui me fatiguez de vos contestations particulières, au lieu de vous occuper du salut de la République, je vous répudie tous comme traîtres à la patrie. Je vous mets tous sur la même ligne. Je leur disais : Eh que m'importe ma réputation! que la France soit libre et que mon nom soit flétri! Que m'importe d'être appelé buveur de sang! Eh bien, buvons le sang des ennemis de l'humanité, s'il le faut; combattons, conquérons la liberté.

On paraît craindre que le départ des commissaires affaiblisse l'un ou l'autre parti de la Convention. Vaines terreurs! Portez votre énergie partout. Le plus beau ministère est d'annoncer au peuple que la dette terrible qui pèse sur lui sera desséchée aux dépens de ses ennemis, ou que le riche la paiera avant peu. La situation nationale est cruelle; le signe représentatif n'est plus en équilibre dans la circulation ; la journée de l'ouvrier est au-dessous du nécessaire; il faut un grand moyen correctif. Conquérons la Hollande ; ranimons en Angleterre le parti républicain ; faisons marcher la France, et nous irons glorieux à la postérité. Remplissez ces grandes destinées ; point de débats ; point de querelles, et la patrie est sauvée.

Danton, outre le discours sur le Tribunal révolutionnaire que l'on trouvera plus loin, intervint dans les débats de cette séance pour demander la comparution, à la barre de la Convention, du général Stengel qui, né sujet palatin, se refusait à porter les armes contre sa patrie et demandait à être employé dans un autre poste.

Je suis bien éloigné de croire Stengel républicain ; je ne crois pas qu'il doive commander nos armées. Mais je pense qu'avant de le décréter d'accusation, il faut qu'il vous soit fait un rapport ou que vous l'entendiez vous-mêmes à la barre. Il faut de la raison et de l'inflexibilité ; il faut que l'impunité, portée jusqu'à présent trop loin, cesse ; mais il ne faut pas porter de décret d'accusation au hasard. Je demande que le ministre de la guerre soit chargé de faire traduire à la barre Stengel et Lanoue.

La Convention décréta que Stengel et Lanoue comparaîtraient à sa barre.

XV

SUR L'INSTITUTION
D'UN TRIBUNAL RÉVOLUTIONNAIRE

(10 *mars* 1793)

La conspiration de l'ennemi intérieur se combinant avec les dangers extérieurs exigeait des mesures sévères, terribles. Tandis que la nation armée se portait aux frontières, il importait d'empêcher, au lendemain de possibles désastres, le retour des événements sanglants qui avaient marqué les premiers jours de septembre, au lendemain de l'invasion. C'est dans cet esprit que Danton proposa la création d'un tribunal révolutionnaire.

Je somme tous les bons citoyens de ne pas quitter leurs postes. (*Tous les membres se remettent en place, un calme profond règne dans toute l'Assemblée.*) Quoi, citoyens ! au moment où notre position est telle, que si Maranda était battu, et cela n'est pas impossible, Dumouriez enveloppé serait obligé

de.mettre bas les armes, vous pourriez vous sé-
parer sans prendre les grandes mesures qu'exige
le salut de la chose publique? Je sens à quel point
il est important de prendre des mesures judiciaires
qui punissent les contre-révolutionnaires; car c'est
pour eux que ce tribunal est nécessaire; c'est pour
eux que ce tribunal doit suppléer au tribunal suprême de la vengeance du peuple. Les ennemis de
la liberté lèvent un front audacieux; partout confondus, ils sont partout provocateurs. En voyant le
citoyen honnête occupé dans ses foyers, l'artisan
occupé dans ses ateliers, ils ont la stupidité de se
croire en majorité : eh bien, arrachez-les vous-
mêmes à la vengeance populaire, l'humanité vous
l'ordonne.

Rien n'est plus difficile que de définir un crime
politique; mais si un homme du peuple, pour un
crime particulier, en reçoit à l'instant le châti-
ment; s'il est si difficile d'atteindre un crime politique, n'est-il pas nécessaire que des lois extraordinaires, prises hors du corps social, épouvantent les
rebelles et atteignent les coupables? Ici le salut du
peuple exige de grands moyens et des mesures
terribles. Je ne vois pas de milieu entre les formes
ordinaires et un tribunal révolutionnaire. L'histoire atteste cette vérité ; et puisqu'on a osé, dans
cette Assemblée, rappeler ces journées sanglantes
sur lesquelles tout bon citoyen a gémi, je dirai,

moi, que si un tribunal eût alors existé, le peuple auquel on a si souvent, si cruellement reproché ces journées, ne les aurait pas ensanglantées ; je dirai, et j'aurai l'assentiment de tous ceux qui ont été les témoins de ces terribles événements, que nulle puissance humaine n'était dans le cas d'arrêter le débordement de la vengeance nationale. Profitons des fautes de nos prédécesseurs.

Faisons ce que n'a pas fait l'Assemblée législative ; soyons terribles pour dispenser le peuple de l'être ; organisons un tribunal, non pas bien, cela est impossible, mais le moins mal qu'il se pourra, afin que le glaive de la loi pèse sur la tête de tous ses ennemis.

Ce grand œuvre terminé, je vous rappelle aux armes, aux commissaires que vous devez faire partir, au ministère que vous devez organiser ; car nous ne pouvons le dissimuler, il nous faut des ministres ; et celui de la marine, par exemple, dans un pays où tout peut être créé, parce que tous les éléments s'y trouvent, avec toutes les qualités d'un bon citoyen, n'a pas créé de marine ; nos frégates ne sont pas sorties et l'Angleterre enlève nos corsaires. Eh bien, le moment est arrivé, soyons prodigues d'hommes et d'argent ; déployons tous les moyens de la puissance nationale, mais ne mettons la direction de ces moyens qu'entre les mains d'hommes dont le contact nécessaire et ha-

bituel avec vous vous assure l'ensemble et l'exécution des mesures que vous avez combinées pour
le salut de la République. Vous n'êtes pas un corps
constitué, car vous pouvez tout constituer vous-
mêmes. Prenez-y garde, citoyens, vous répondez
au peuple de nos armées, de son sang, de ses assignats ; car si ses défaites atténuaient tellement la
valeur de cette monnaie que les moyens d'existence fussent anéantis dans ses mains, qui pourrait
arrêter les effets de son ressentiment et de sa ven-
géance ? Si, dès le moment que je vous l'ai demandé, vous eussiez fait le développement de
forces nécessaires, aujourd'hui l'ennemi serait re-
poussé loin de nos frontières.

Je demande donc que le tribunal révolutionnaire
soit organisé, séance tenante, que le pouvoir exécutif, dans la nouvelle organisation, reçoive les
moyens d'action et d'énergie qui lui sont nécessaires. Je ne demande pas que rien soit désorga-
nisé, je ne propose que des moyens d'amélioration.

Je demande que la Convention juge mes rai-
sonnements et méprise les qualifications inju-
rieuses et flétrissantes qu'on ose me donner. Je
demande qu'aussitôt que les mesures de sûreté
générale seront prises, vos commissaires partent à
l'instant, qu'on ne reproduise plus l'objection qu'ils
siègent dans tel ou tel côté de cette salle. Qu'ils
se répandent dans les départements, qu'ils y échauf-

fent les citoyens, qu'ils y raniment l'amour de la liberté, et que, s'ils ont regret de ne pas participer à des décrets utiles, ou de ne pouvoir s'opposer à des décrets mauvais, ils se souviennent que leur absence a été le salut de la patrie.

Je me résume donc : ce soir, organisation du tribunal, organisation du pouvoir exécutif; demain, mouvement militaire; que, demain, vos commissaires soient partis; que la France entière se lève, coure aux armes, marche à l'ennemi; que la Hollande soit envahie; que la Belgique soit libre; que le commerce d'Angleterre soit ruiné; que les amis de la liberté triomphent de cette contrée; que nos armes, partout victorieuses, apportent aux peuples la délivrance et le bonheur; que le monde soit vengé.

XVI

SUR LA DÉMISSION DE BEURNONVILLE

(11 mars 1793)

Nommé ministre de la Guerre le 4 février 1793, Beurnonville donna sa démission le 11 mars suivant. A ce
propos, plusieurs membres de la Convention voulurent
lui demander les motifs de son départ. Danton s'y
opposa, insistant dans son discours sur la cohésion et
l'unité réclamées par le gouvernement républicain,
faisant appel au civisme de tous pour le salut public.
On sait qu'envoyé à la suite de sa démission auprès de
Dumouriez, Beurnonville fut livré par lui aux Autrichiens qui le retinrent en otage jusqu'au 12 brumaire
an IV.

Avant de rendre au ministre de la Guerre la justice
que lui doit tout Français qui aime son pays, et qui
sait apprécier ceux qui ont combattu vaillamment
pour lui, je dois cette déclaration positive de mes
principes et de mes sentiments : que, s'il est dans
mes opinions que la nature des choses et les cir-

constances exigent que la Convention se réserve la
faculté de prendre partout, et même dans son sein,
des ministres, je déclare en même temps, et je le
jure par la patrie, que, moi, je n'accepterai jamais
une place dans le ministère, tant que j'aurai l'honneur d'être membre de la Convention nationale.
Je le déclare, dis-je, sans fausse modestie; car, je
l'avoue, je crois valoir un autre citoyen français.
Je le déclare avec le désir ardent que mon opinion individuelle ne devienne pas celle de tous
mes collègues; car je tiens pour incontestable que
vous feriez une chose funeste à la chose publique,
si vous ne vous réserviez pas cette faculté. Après un
tel aveu, je vous somme tous, citoyens, de descendre dans le fond de votre conscience. Quel est
celui d'entre vous qui ne sent pas la nécessité d'une
plus grande cohésion, de rapports plus directs,
d'un rapprochement plus immédiat, plus quotidien,
entre les agents du pouvoir exécutif révolutionnaire, chargé de défendre la liberté contre toute
l'Europe, et vous qui êtes chargés de la direction
suprême de la législation civile et de la défense
de la République? Vous avez la nation à votre disposition, vous êtes une Convention nationale, vous
n'êtes pas un corps constitué, mais un corps
chargé de constituer tous les pouvoirs, de fonder
tous les principes de notre République; vous n'en
violerez donc aucun, rien ne sera renversé, si,

exerçant toute la latitude de vos pouvoirs, vous prenez le talent partout où il existe pour le placer partout où il peut être utile. Si je me récuse dans les choix que vous pourrez faire, c'est que, dans mon poste, je me crois encore utile à pousser, à faire marcher la Révolution ; c'est que je me réserve encore la faculté de dénoncer les ministres qui, par malveillance et par impéritie, trahiraient notre confiance. Ainsi mettons-nous donc bien tous dans la tête, que presque tous, que tous, nous voulons le salut public. Que les défiances particulières ne nous arrêtent pas dans notre marche, puisque nous avons un but commun. Quant à moi, je ne calomnierai jamais personne ; je suis sans fiel, non par vertu, mais par tempérament. La haine est étrangère à mon caractère... Je n'en ai pas besoin ; ainsi je ne puis être suspect, même à ceux qui ont fait profession de me haïr. Je vous rappelle à l'infinité de vos devoirs. Je n'entends pas désorganiser le ministère ; je ne parle pas de la nécessité de prendre des ministres dans votre sein, mais de la nécessité de vous en réserver la faculté.

— J'arrive à la discussion particulière qui s'est élevée sur la lettre de démission envoyée par le ministre de la Guerre.

On veut lui demander les motifs de sa démission : certes, jamais on ne pourra dire que c'est par faiblesse. Celui qui a combattu si bien les

ennemis, braverait l'erreur populaire avec le même
courage; il mourrait à son poste sans sourciller ;
tel est Beurnonville, tel nous devons le proclamer.
Mais la nature, variée dans ses faveurs, distribue
aux hommes différents genres de talents ; tel est
capable de commander une armée, d'échauffer le
soldat, de maintenir la discipline qui n'a pas les
formes populaires conciliatrices, nécessaires dans
les circonstances critiques et orageuses, quand on
veut le bien. Celui qui donne sa démission a dû
se consulter sous ces différents rapports; il ne serait
pas même de la dignité de la Convention de lui
faire les questions qu'on propose. Beurnonville a
su se juger; il peut encore vaincre nos ennemis
sur le champ de bataille ; mais il n'a pas les formes
familières qui, dans les places administratives,
appellent la confiance des hommes peu éclairés ;
car le peuple est ombrageux, et l'expérience de
nos révolutions lui a bien acquis le droit de craindre
pour sa liberté.

Je ne doute pas que Beurnonville n'ait géré en
bon citoyen ; il doit être excepté de la rigueur de
la loi qui défend à tout ministre de quitter Paris,
avant d'avoir rendu ses comptes; et nous ne per-
drons pas l'espérance de voir Beurnonville allant
aux armées, y conduisant des renforts, remporter
avec elles de nouveaux triomphes.

XVII

SUR LE GOUVERNEMENT RÉVOLUTIONNAIRE

(27 *mars* 1793)

Créé le 10 mars, le Tribunal criminel extraordinaire
n'était pas encore entré en activité. Danton s'éleva
avec force contre ce retard et rappela dans son discours
les devoirs assumés par le gouvernement révolutionnaire. Le lendemain, 28 mars, la Convention décrétait
que le Tribunal entrerait en activité le même jour et
pour ce l'autorisait à juger au nombre de dix jurés.

Je déclare avoir recommandé aux ministres d'excellents patriotes, d'excellents révolutionnaires. Il
n'y a aucune loi qui puisse ôter à un représentant
du peuple sa pensée. La loi ancienne qu'on veut
rappeler était absurde ; elle a été révoquée par la
révolution. Il faut enfin que la Convention nationale
soit un corps révolutionnaire ; il faut qu'elle soit
peuple ; il est temps qu'elle déclare la guerre aux
ennemis intérieurs. Quoi ! la guerre civile est
allumée de toutes parts, et la Convention reste

immobile ! Un tribunal révolutionnaire a été créé qui devait punir tous les conspirateurs, et ce tribunal n'est pas encore en activité! Que dira donc ce peuple! car il est prêt à se lever en masse; il le doit, il le sent. Il dira : Quoi donc ! des passions misérables agitent nos représentants, et cependant les contre-révolutionnaires tuent la liberté.

Je dois enfin vous dire la vérité, je vous la dirai sans mélange; que m'importent toutes les chimères que l'on peut répandre contre moi, pourvu que je puisse servir la patrie! Oui, citoyens; vous ne faites pas votre devoir. Vous dites que le peuple est égaré ; mais pourquoi vous éloignez-vous de ce peuple? Rapprochez-vous de lui, il entendra la voix de la raison. La révolution ne peut marcher, ne peut être consolidée qu'avec le peuple. Le peuple en est l'instrument, c'est à vous de vous en servir. En vain dites-vous que les sociétés populaires fourmillent de dénonciateurs absurdes, de dénonciateurs atroces. Eh bien, que n'y allez-vous? Une nation en révolution est comme l'airain qui bout et se régénère dans le creuset. La statue de la liberté n'est pas fondue. Ce métal bouillonne; si vous n'en surveillez le fourneau, vous serez tous brûlés. Comment se fait-il que vous ne sentiez pas que c'est aujourd'hui qu'il faut que la Convention décrète que tout homme du peuple aura une pique aux frais de la nation. Les riches la paieront, ils la paieront en vertu d'une loi ; les propriétés ne seront pas violées. Il faut décréter encore que, dans les départements où la révolution s'est manifestée, quiconque a l'audace d'appeler cette contre-révolution sera mis hors la loi. A Rome, Valerius Publicola eut le courage de proposer une loi qui portait peine de mort contre quiconque appellerait la tyrannie. Eh bien, moi, je déclare que, puisque dans les rues, dans les places publiques, les patriotes sont insultés ; puisque, dans les spectacles, on applaudit avec fureur aux applications qui se rapportent avec les malheurs de la patrie ; je déclare, dis-je, que quiconque oserait appeler la destruction de la liberté, ne périra que de ma main, dussé-je après porter ma tête sur l'échafaud, heureux d'avoir donné un exemple de vertu à ma patrie. Je demande qu'on passe à l'ordre du jour sur la motion qui m'a donné lieu de parler. Je demande que, dans toute la République, un citoyen ait une pique aux frais de la nation. Je demande que le tribunal extraordinaire soit mis en activité. Je demande que la Convention déclare au peuple français, à l'Europe, à l'univers qu'elle est un corps révolutionnaire, qu'elle est résolue de maintenir la liberté, d'étouffer les serpents qui déchirent le sein de la patrie.

Montrez-vous révolutionnaires ; montrez-vous peuple, et alors la liberté n'est plus en péril. Les

nations qui veulent être grandes doivent, comme
les héros, être élevées à l'école du malheur. Sans
doute nous avons eu des revers ; mais si, au mois
de septembre, on vous eût dit : « la tête du tyran
tombera sous le glaive des lois, l'ennemi sera
chassé du territoire de la République ; 100.000
hommes seront à Mayence ; nous aurons une
armée à Tournai », vous eussiez vu la liberté
triomphante. Eh bien, telle est encore notre position. Nous avons perdu un temps précieux. Il faut
le réparer. On a cru que la révolution était faite.
On a crié aux factieux. Eh bien, ce sont ces factieux qui tombent sous le poignard des assassins.

Et toi, Lepeletier, quand tu périssais victime de
ta haine pour les tyrans, on criait aussi que tu étais
un factieux. Il faut sortir de cette léthargie politique. Marseille sait déjà que Paris n'a jamais
voulu opprimer la République, n'a jamais voulu
que la liberté. Marseille s'est déclarée la montagne de la République. Elle se gonflera, cette
montagne, elle roulera les rochers de la liberté, et
les ennemis de la liberté seront écrasés. Je ne
veux pas rappeler de fâcheux débats. Je ne veux
pas faire l'historique des haines dirigées contre les
patriotes. Je ne dirai qu'un mot.

Je vous dirai que Roland écrivait à Dumouriez
(et c'est ce général qui nous a montré la lettre, à
Lacroix et à moi) : « Il faut vous liguer avec nous

pour écraser ce parti de Paris, et surtout ce
Danton. » Jugez si une imagination frappée au
point de tracer de pareils tableaux a dû avoir une
grande influence sur toute la République. Mais
tirons le rideau sur le passé. Il faut nous réunir.
C'est cette réunion qui devrait établir la liberté
d'un pôle à l'autre, aux deux tropiques et sur la
ligne de la Convention. Je ne demande pas d'am-
bassades particulières. Quant à moi, je fais serment
de mourir pour défendre mon plus cruel ennemi.
Je demande que ce sentiment sacré enflamme
toutes les âmes. Il faut tuer les ennemis intérieurs
pour triompher des ennemis extérieurs. Vous de-
viendrez victimes de vos passions ou de votre
ignorance, si vous ne sauvez la République. La
République, elle est immortelle! L'ennemi pourra
bien faire encore quelques progrès; il pourrait
prendre encore quelques-unes de nos places, mais
il s'y consumerait lui-même. Que nos échecs tournent à notre avantage! que le Français, en tou-
chant la terre de son pays, comme le géant de la
fable, reprenne de nouvelles forces.

J'insiste sur ce qui est plus qu'une loi, sur ce
que la nécessité vous commande, soyez peuple.
Que tout homme qui porte encore dans son cœur
une étincelle de liberté, ne s'éloigne pas du peuple.
Nous ne sommes pas ses pères, nous sommes ses
enfants. Exposons-lui nos besoins et ses ressources,

disons qu'il sera inviolable, s'il veut être uni.
Qu'on se rappelle l'époque mémorable et terrible
du mois d'août. Toutes les passions se croisaient.
Paris ne voulait pas sortir de ses murs. J'ai, moi,
car il faut bien quelquefois se citer, j'ai amené le
conseil exécutif à se réunir à la mairie avec tous
les magistrats du peuple. Le peuple vit notre réunion, il la seconda, et l'ennemi a été vaincu. Si
on se réunit, si on aime les sociétés populaires, si
on y assiste, malgré ce qu'il peut y avoir en elles
de défectueux, car il n'y a rien de parfait sur la
terre, la France reprendra sa force, redeviendra
victorieuse, et bientôt les despotes se repentiront
de ces triomphes éphémères qui n'auront été que
plus funestes pour eux.

XVIII

JUSTIFICATION DE SA CONDUITE
EN BELGIQUE

(30 *mars* 1793)

Dans la séance du 30 mars, un membre[1] de la Convention demanda l'exécution du décret ordonnant à Danton de rendre compte de l'état de la Belgique au moment de son départ. « Il importe, ajoutait-il, que nous connaissions toutes les opérations de nos commissaires dans cette partie. » C'était là, manifestement, une des nouvelles attaques de la Gironde contre le conventionnel. Il demanda aussitôt la parole et prononça ce long discours où il se justifia d'une façon éclatante des reproches sournois et hypocrites que Mme Roland rééditât depuis dans son libelle.

Citoyens, vous aviez, par un décret, ordonné que, Camus et moi, seuls des commissaires près l'armée de la Belgique, qui se trouvent actuellement dans

1. Le *Moniteur* du 1er avril, n° 91, qui rend compte de la séance du 30 mars ne donne pas le nom de ce membre.

7.

la Convention, rendions compte de ce que nous avions vu et fait dans la Belgique. Le changement des circonstances, les lettres nouvelles parvenues à votre Comité de défense générale, ont rendu ce rapport moins important, quant à ce qui concerne la situation des armées, puisque cette situation a changé; elles ont nécessité des mesures provisoires que vous avez décrétées. J'étais prêt et je le suis encore à m'expliquer amplement, et sur l'historique de la Belgique, et sur les généraux, et sur l'armée, et sur la conduite des commissaires. Il est temps que tout soit connu. Si la saine raison, si le salut de la patrie et celui de l'armée a obligé vos commissaires d'être en quelque sorte stationnaires, aujourd'hui le temps de bannir toute espèce de politique est arrivé; il l'est d'autant plus que je m'aperçois qu'on a insinué dans l'Assemblée que les malheurs de la Belgique pouvaient avoir été plus ou moins amenés par l'influence, les fautes et même les crimes de vos commissaires.

Eh bien, je prends à cette tribune l'engagement solennel de tout dire, de tout révéler, de répondre à tout. J'appellerai tous les contradicteurs possibles d'un bout de la République à l'autre; j'appellerai le Conseil exécutif, les commissaires nationaux; j'appellerai tous mes collègues en témoignage. Et après cette vaste explication, quand on aura bien sondé l'abîme dans lequel on a voulu

nous plonger, on reconnaîtra que ceux-là qui ont
travaillé la réunion, qui ont demandé des renforts,
qui se sont empressés de vous annoncer nos
échecs pour hâter l'envoi des secours, s'ils n'ob-
tiennent pas l'honorable fruit de leurs travaux,
sont au moins bien fortement ininculpables. Je
rendrai, je pourrai me tromper sur quelques détails, les comptes qui me sont demandés ; mais je
puis annoncer à l'avance qu'il y aura unanimité
dans le témoignage de vos commissaires sur les
principaux objets de ces rapports.

Je demande que la séance de demain soit con-
sacrée à un rapport préliminaire, car il y aura
beaucoup de personnes à entendre, beaucoup de
chefs à interroger. On verra si nous avons manqué
d'amour pour le peuple, lorsque nous n'avons pas
voulu tout à coup priver l'armée des talents militaires dont elle avait besoin, dans des hommes
dont cependant nous combattions les opinions politiques, ou si nous n'avons pas au contraire sauvé
cette armée.

On verra, par exemple, que, si nous avions
donné à cette fameuse lettre qui a été lue partout,
excepté dans cette enceinte, les suites que nous
aurions pu lui donner, dès qu'elle nous a été
connue, on verra que, si nous n'avions pas, dans
cette circonstance, mis dans notre conduite la
prudence que nous dictaient les événements,

l'armée, dénuée de chefs, se serait repliée sur nos
frontières avec un tel désordre, que l'ennemi serait
entré avec elle dans nos places fortes.

Je ne demande ni grâce, ni indulgence. J'ai fait
mon devoir dans ce moment de nouvelle révolution, comme je l'ai fait au 10 août. Et, à cet
égard, comme je viens d'entendre des hommes
qui, sans doute sans connaître les faits, mettant en
avant des opinions dictées par la prévention, me
disent que je rende mes comptes, je déclare que
j'ai rendu les miens et que je suis prêt à les rendre
encore. Je demande que le Conseil exécutif soit
consulté sur toutes les parties de ma conduite
ministérielle. Qu'on me mette en opposition avec
ce ci-devant ministre qui, par des réticences, a
voulu jeter des soupçons sur moi.

J'ai fait quelques instants le sacrifice de ma réputation pour mieux payer mon contingent à la
République, en ne m'occupant que de la servir.
Mais j'appelle aujourd'hui sur moi toutes les
explications, tous les genres d'accusation, car je
suis résolu à tout dire.

Ainsi préparez-vous à être aussi francs jusque
dans vos haines, et francs dans vos passions, car
je les attends. Toutes ces discussions pourront
peut-être tourner encore au profit de la chose
publique. Nos maux viennent de nos divisions; eh
bien, connaissons-nous tous. Car comment se fait-il

qu'une portion des représentants du peuple traite
l'autre de conjurés? Que ceux-ci accusent les
premiers de vouloir les faire massacrer? Il a été un
temps pour les passions; elles sont malheureusement dans l'ordre de la nature; mais il faut enfin
que tout s'explique, que tout le monde se juge et
se reconnaisse. Le peuple, il faut le dire, ne sait
plus où reposer sa confiance; faites donc que l'on
sache si vous êtes un composé de deux partis, une
assemblée d'hommes travaillés de soupçons res-
pectifs, ou si vous tendez tous au salut de la
patrie. Voulez-vous la réunion? Concourez d'un
commun accord aux mesures sévères et fermes que
réclame le peuple indigné des trahisons dont il a
été si longtemps victime. Instruisez, armez les
citoyens; ce n'est pas assez d'avoir des armées
aux frontières, il faut au sein de la République
une colonne centrale qui fasse front aux ennemis
du dedans, pour reporter ensuite la guerre au
dehors.

Non seulement je répondrai catégoriquement
aux inculpations qui m'ont été et me seront faites
ici, dans cette Assemblée qui a l'univers pour
galerie, mais je dirai tout ce que je sais sur les
opérations de la Belgique, persuadé que la connaissance approfondie du mal peut seule nous en
faire découvrir le remède. Ainsi, s'il est un seul
d'entre vous qui ait le moindre soupçon sur ma

conduite, comme ministre ; s'il en est un seul qui désire des comptes itératifs, lorsque déjà toutes les pièces sont déposées dans vos comités ; s'il en est un seul qui ait des soupçons sur mon administration, relativement aux dépenses secrètes de révolution, qu'il monte demain à la tribune, que tout se découvre, que tout soit mis à nu, et, libres de défiances, nous passerons ensuite à l'examen de notre situation politique [1].

Ces défiances, quand on veut se rapprocher, sont-elles donc si difficiles à faire disparaître ? Je le dis, il s'en faut qu'il y ait dans cette Assemblée les conspirations qu'on se prête. Trop longtemps, il est vrai, un amour mutuel de vengeance, inspiré par les préventions, a retardé la marche de la Convention, et diminué son énergie, en la divisant souvent. Telle opinion forte a été repoussée par tel ou tel côté, par cela seul qu'elle ne lui appartenait pas. Qu'enfin donc le danger vous rallie. Songez que vous vous trouvez dans la crise la plus terrible ; vous avez une armée entièrement désorganisée, et c'est la plus importante, car d'elle dépendait le salut public, si le vaste projet de

---

1. A. AULARD (*Ouvr. cit.*, tome I, p. 137 et suiv.) a prouvé, pièces en mains, que, contrairement à l'assertion de la femme Roland et de presque tous les historiens, Danton avait rendu les comptes de son ministère dans la séance de la Convention du 6 octobre 1792.

ruiner en Hollande le commerce de l'Angleterre
eût réussi. Il faut connaître ceux qui peuvent
avoir trempé dans la conspiration qui a fait manquer ce projet; les têtes de ceux qui ont influé, soit
comme généraux, soit comme représentants du
peuple sur le sort de cette armée, ces têtes doivent
tomber les premières.

D'accord sur les bases de la conduite que nous
devons tenir, nous le serons facilement sur les
résultats. Interrogeons, entendons, comparons, tirons la vérité du chaos; alors nous saurons distinguer ce qui appartient aux passions et ce qui est
le fruit des erreurs; nous connaîtrons où a été la
véritable politique nationale, l'amour de son pays,
et l'on ne dira plus qu'un tel est un ambitieux, un
usurpateur, parce qu'il a un tempérament plus
chaud et des formes plus robustes. Non, la France
ne sera pas réasservie, elle pourra être ébranlée,
mais le peuple, comme le Jupiter de l'Olympe, d'un
seul signe fera rentrer dans le néant tous les
ennemis.

Je demande que demain le Conseil exécutif
nous fasse un rapport préliminaire; je demande à
m'expliquer ensuite, car le peuple doit être instruit
de tout. Les nouvelles reçues hier des armées
transpirent déjà. C'est en soulevant petit à petit le
voile, c'est en renonçant aux palliatifs que nous
préviendrons l'explosion que pourrait produire

l'excès de mécontentement. Je demande que le Conseil exécutif, pièces en main, nous rende compte de ses différents agents. Que la vérité colore le civisme et le courage; que nous ayons encore l'espoir de sauver la République, et de ramener à un centre commun ceux qui se sont un moment laissé égarer par leurs passions.

Citoyens, nous n'avons pas un instant à perdre. L'Europe entière pousse fortement la conspiration. Vous voyez que ceux-là qui ont prêché plus persévéramment la nécessité du recrutement qui s'opère enfin pour le salut de la République; que ceux qui ont demandé le tribunal révolutionnaire; que ceux qui ont provoqué l'envoi des commissaires dans les départements pour y souffler l'esprit public, sont présentés presque comme des conspirateurs. On se plaint de misérables détails. Et des corps administratifs n'ont-ils pas demandé ma tête? Ma tête!... elle est encore là, elle y restera. Que chacun emploie celle qu'il a reçue de la nature, non pour servir de petites passions, mais pour servir la République.

Je somme celui qui pourrait me supposer des projets d'ambition, de dilapidation, de forfaiture quelconque, de s'expliquer demain franchement sur ces soupçons, sous peine d'être réputé calomniateur. Cependant je vous en atteste tous, dès le

commencement de la Révolution, j'ai été peint sous
les couleurs les plus odieuses.

Je suis resté inébranlable, j'ai marché à pas
fermes vers la liberté. On verra qui touchera au
terme où le peuple arrivera, après avoir écrasé
tous les ennemis. Mais puisqu'aujourd'hui l'union,
et par conséquent une confiance réciproque, nous
est nécessaire, je demande à entrer, après le rapport du Conseil exécutif, dans toutes explications
qu'on jugera.

XIX

SUR LA TRAHISON DE DUMOURIEZ
ET LA MISSION EN BELGIQUE

(1er *avril* 1793)

La trahison de Dumouriez, dont les opérations avaient, à plusieurs reprises, été défendues par Danton, créa pour celui-ci une nouvelle source d'accusations. Après un discours de Cambacérès, au nom du Comité de défense générale, une défense de Sillery, réclamant l'examen de ses papiers pour se disculper d'une complicité supposée avec Dumouriez, et quelques mots de Fonfrède et de Robespierre, Penières monta à la tribune pour dénoncer un fait que le *Moniteur* (n° 93) relate en ces termes :

PENIÈRES. — Quelques jours après l'arrivée de Danton et de Delacroix de la Belgique, une lettre écrite par Dumouriez fut envoyée au Comité de défense générale, sans avoir été lue à l'Assemblée. (PLUSIEURS MEMBRES. — Cela n'est pas vrai!) La lettre fut apportée au Comité de défense générale, où Danton fut appelé pour en entendre la lecture; Bréard, qui était alors président,

dit qu'il était de son devoir d'en donner connaissance
à l'Assemblée. Delacroix lui répondit en ces termes :
« Quant à moi, si j'étais président, je ne balancerais pas
un moment à exposer ma responsabilité, et la lettre ne
serait pas lue ; car si un décret d'accusation devait être
porté contre Dumouriez, j'aimerais mieux que ma tête
tombât que la sienne : Dumouriez est utile à l'armée. »
Après cette explication, il fut arrêté que le lendemain
on ferait renvoyer cette lettre au comité, sans en faire
la lecture. Après que ce renvoi fut décrété, Danton nous
dit qu'il repartirait avec Delacroix et qu'il promettait de
faire rétracter Dumouriez ; et il ajouta que, dans le cas
où Dumouriez s'y refuserait, il demanderait lui-même le
décret d'accusation contre lui. Qu'est-il arrivé? Danton,
de retour de la Belgique, ne se présenta ni à l'Assemblée ni au comité. Je lui demande en ce moment : pourquoi, ayant promis de faire rétracter Dumouriez, et ne
l'ayant pas fait, n'a-t-il pas demandé contre lui le décret
d'accusation.

Bréard ayant, en quelques mots, expliqué son rôle
en cet incident, Danton monta à la tribune pour justifier sa conduite envers Dumouriez, sa mission en Belgique, et confondre ses calomniateurs. A plusieurs
reprises son discours fut interrompu. Force nous est
donc de suivre le texte du *Moniteur* (n⁰ˢ 93 et 94) pour
donner une physionomie exacte de la séance, et de
reproduire toutes les interruptions pour suivre la
défense de Danton.

Je commence par bien préciser l'interpellation
faite, elle se réduit à ceci : « Vous avez dit, Danton,

que, si vous ne parveniez pas à faire écrire à Dumouriez une lettre qui détruisît l'effet de la première, vous demanderiez contre lui le décret
d'accusation. Cette lettre n'ayant point eu lieu,
pourquoi n'avez-vous pas tenu votre promesse? »

Voilà la manière dont je suis interpellé. Je vais
donner les éclaircissements qui me sont demandés.

D'abord, j'ai fait ce que j'avais annoncé : la
Convention a reçu une lettre par laquelle Dumouriez demandait qu'il ne fût fait de rapport sur sa
première qu'après que la Convention aurait entendu
les renseignements que devaient lui donner ses
commissaires. Cette lettre ne nous satisfit pas, et,
après avoir conféré avec lui, nous acquîmes la
conviction qu'il n'y avait plus rien à attendre de
Dumouriez pour la République.

Arrivé à Paris à neuf heures du soir, je ne vins
pas au comité; mais le lendemain j'ai dit que
Dumouriez était devenu tellement atroce, qu'il
avait dit que la Convention était composée de
trois cents imbéciles et de quatre cents brigands.
J'ai demandé que tout fût dévoilé; ainsi tous ceux
qui s'y sont trouvés ont dû voir que mon avis était
qu'il fallait arracher Dumouriez à son armée.

Mais ce fait ne suffit pas, il importe que la Convention et la nation entière sachent la conduite
qu'ont tenue vos commissaires à l'égard de Dumouriez, et il est étrange que ceux qui, constamment,

ont été en opposition de principes avec lui soient
aujourd'hui accusés comme ses complices.

Qu'a voulu Dumouriez? Établir un système finan-
cier dans la Belgique. Qu'a voulu Dumouriez?
Point de réunion. Quels sont ceux qui ont fait les
réunions? Vos commissaires. La réunion du Hainaut, dit Dumouriez, s'est faite à coups de sabre.
Ce sont vos commissaires qui l'ont faite. C'est nous
que Dumouriez accuse des malheurs de la Belgique; c'est nous qu'il accuse d'avoir fait couler le
sang dans le Hainaut et, par une fatalité inconce-
vable, c'est nous qu'on accuse de protéger Dumouriez!

J'ai dit que Dumouriez avait conçu un plan
superbe d'invasion de la Hollande : si ce plan eût
réussi, il aurait peut-être épargné bien des crimes
à Dumouriez; peut-être l'aurait-il voulu faire
tourner à son profit; mais l'Angleterre n'en aurait
pas été moins abaissée et la Hollande conquise.

Voilà le système de Dumouriez : Dumouriez se
plaint des sociétés populaires et du tribunal
extraordinaire; il dit que bientôt Danton n'aura
plus de crédit que dans la banlieue de Paris.

UNE VOIX. — Ce sont les décrets de l'Assemblée, et
non vous.

On m'observe que je suis dans l'erreur; je passe
à un autre fait plus important : c'est que Dumou-

8.

riez a dit à l'armée que si Danton et Delacroix y
reparaissaient, il les ferait arrêter. Citoyens, les
faits parlent d'eux-mêmes; on voit facilement que
la commission a fait son devoir.

Dumouriez s'est rendu criminel, mais ses complices seront bientôt connus. J'ai déjà annoncé que
Dumouriez a été égaré par les impulsions qu'il a
reçues de Paris, et qu'il était aigri par les écrits
qui présentaient les citoyens les plus énergiques
comme des scélérats. La plupart de ces écrits sont
sortis de cette enceinte; je demande que la Convention nomme une commission pour débrouiller
ce chaos et pour connaître les auteurs de ce complot. Quand on verra comment nous avons combattu les projets de Dumouriez, quand on verra
que vous avez ratifié tous les arrêtés que nous
avons pris, il ne restera plus aucun soupçon sur
notre conduite.

Citoyens, ce n'est point assez de découvrir d'où
viennent nos maux; il faut leur appliquer un remède immédiat. Vous avez, il est vrai, ordonné un
recrutement, mais cette mesure est trop lente: je
crois que l'Assemblée doit nommer un comité de
la guerre, chargé de créer une armée improvisée.
Les ennemis veulent se porter sur Paris; leur
complice vous l'a dévoilé; je demande qu'il soit
pris des mesures pour qu'un camp de cinquante
mille hommes soit formé à vingt lieues de Paris;

ce camp fera échouer les projets de nos ennemis,
et pourra au besoin servir à compléter les armées.

Je demande aussi que mes collègues dans la
Belgique soient rappelés sur-le-champ.

Plusieurs membres. — Cela est fait.

Je demande enfin que le Conseil exécutif rende
un compte exact de nos opérations dans la Belgique : l'Assemblée acquerra les lumières qui lui
sont nécessaires, et elle verra que nous avons toujours été en contradiction avec Dumouriez.

Si vos commissaires avaient fait enlever Dumouriez au moment où il était à la tête de son armée,
on aurait rejeté sur eux la désorganisation de cette
armée. Vos commissaires, quoique investis d'un
grand pouvoir, n'ont rien pour assurer le succès de
leurs opérations ; les soldats ne nous prennent, en
arrivant aux armées, que pour de simples secrétaires de commission ; il aurait fallu que la Convention donnât à ceux qu'elle charge de promul-
guer ses lois à la tête des armées une sorte de
décoration moitié civile et moitié militaire.

Que pouvaient faire de plus vos commissaires,
sinon de dire : il y a urgence, il faut arracher
promptement Dumouriez de la tête de son armée? Si
nous avions voulu employer la force, elle nous eût
manqué ; car quel général, au moment où Dumou-

riez exécutait sa retraite, et lorsqu'il était entouré d'une armée qui lui était dévouée, eût voulu exécuter nos ordres ? Dumouriez était constamment jour et nuit à cheval, et jamais il n'y a eu deux lieues de retraite sans un combat : ainsi il nous était impossible de le faire arrêter. Nous avons fait notre devoir, et j'appelle sur ma tête toutes les dénonciations, sûr que ma tête loin de tomber sera la tête de Méduse qui fera trembler tous les aristocrates.

LASOURCE. — Ce n'est point une accusation formelle que je vais porter contre Danton ; mais ce sont des conjectures que je vais soumettre à l'Assemblée. Je ne sais point déguiser ce que je pense, ainsi je vais dire franchement l'idée que la conduite de Delacroix et de Danton a fait naître dans mon esprit.

Dumouriez a ourdi un plan de contre-révolution ; l'a-t-il ourdi seul, oui ou non ?

Danton a dit qu'il n'avait pu, qu'il n'avait osé sévir contre Dumouriez, parce qu'au moment où il se battait, aucun officier général n'aurait voulu exécuter ses ordres. Je réponds à Danton qu'il est bien étonnant qu'il n'ait osé prendre aucune mesure contre Dumouriez, tandis qu'il nous a dit que l'armée était tellement républicaine, que, malgré la confiance qu'elle avait dans son général, si elle lisait dans un journal que Dumouriez a été décrété d'accusation, elle l'amènerait elle-même à la barre de l'Assemblée.

Danton vient de dire qu'il avait assuré le comité que la République n'avait rien à espérer de Dumouriez. J'observe à l'Assemblée que Dumouriez avait perdu la tête en politique, mais qu'il conservait tous ses talents militaires ; alors Robespierre demanda que la conduite de Dumouriez fût examinée ; Danton s'y opposa et dit qu'il ne fallait prendre aucune mesure contre lui avant que la retraite de la Belgique fût entièrement effectuée. Son opinion fut adoptée.

Voilà les faits, voici comme je raisonne.

MAURE. — Je demande à dire un fait, c'est qu'on a proposé d'envoyer Gensonné qui avait tout pouvoir sur Dumouriez, afin de traiter avec lui du salut de la patrie.

PLUSIEURS MEMBRES. — C'est vrai.

LASOURCE. — Voici comment je raisonne. Je dis qu'il y avait un plan de formé pour rétablir la royauté, et que Dumouriez était à la tête de ce plan. Que fallait-il faire pour le faire réussir? Il fallait maintenir Dumouriez à la tête de son armée. Danton est venu à la tribune, et a fait le plus grand éloge de Dumouriez. S'il y avait un plan de formé pour faire réussir les projets de Dumouriez, que fallait-il faire? Il fallait se populariser. Qu'a fait Delacroix? Delacroix, en arrivant de la Belgique, a affecté un patriotisme exagéré dont jusqu'à ce moment il n'avait donné aucun exemple. (*De violents murmures se font entendre.*) Et pour mieux dire, Delacroix se déclara Montagnard. L'avait-il fait jusqu'alors? Non. Il tonna contre les citoyens qui ont voté l'appel au peuple et contre ceux qu'on désigne sous le nom d'hommes d'État. L'avait-il fait jusqu'alors? Non.

Pour faire réussir la conspiration tramée par Dumouriez, il fallait acquérir la confiance populaire, il fallait tenir les deux extrémités du fil. Delacroix reste dans la Belgique; Danton vient ici; il y vient pour prendre des mesures de sûreté générale; il assiste au comité, il se tait.

DANTON. — Cela est faux !

PLUSIEURS VOIX. — C'est faux !

LASOURCE. — Ensuite Danton, interpellé de rendre compte des motifs qui lui ont fait abandonner la Belgique, parle d'une manière insignifiante. Comment se fait-il qu'après avoir rendu son compte Danton reste à Paris ? Avait-il donné sa démission ? Non. Si son intention était de ne pas retourner dans la Belgique, il fallait qu'il le dît, afin que l'Assemblée le remplaçât ; et dans le cas contraire, il devait y retourner.

Pour faire réussir la conspiration de Dumouriez, que fallait-il faire ? Il fallait faire perdre à la Convention la confiance publique. Que fait Danton ? Danton paraît à la tribune, et là il reproche à l'Assemblée d'être au-dessous de ses devoirs ; il annonce une nouvelle insurrection ; il dit que le peuple est prêt à se lever, et cependant le peuple était tranquille. Il n'y avait pas de marche plus sûre pour amener Dumouriez à ses fins que de ravaler la Convention et de faire valoir Dumouriez ; c'est ce qu'a fait Danton.

Pour protéger la conspiration, il fallait exagérer les dangers de la patrie, c'est ce qu'ont fait Delacroix et Danton. On savait qu'en parlant de revers, il en résulterait deux choses : la première, que les âmes timides se cacheraient ; la seconde, que le peuple, en fureur de se voir trahi, se porterait à des mouvements qu'il est impossible de retenir.

En criant sans cesse contre la faction des hommes d'État, ne semble-t-il pas qu'on se ménageait un mouvement, tandis que Dumouriez se serait avancé à la tête de son armée ?

Citoyens, voilà les nuages que j'ai vus dans la

conduite de vos commissaires. Je demande, comme Danton, que vous nommiez une commission *ad hoc* pour examiner les faits et découvrir les coupables. Cela fait, je vous propose une mesure de salut public. Je crois que la conduite de Dumouriez, mal connue de son armée, pourrait produire quelques mouvements funestes. Il faut qu'elle et la France entière sachent les mesures que vous avez prises ; car Dumouriez est, comme le fut jadis Lafayette, l'idole de la République. (*De violents murmures et des cris* : Non, non ! *s'élèvent dans toutes les parties de la salle.*) Pour les inquiétudes que nos revers ont pu faire naître dans l'âme des Français, il faut que la nation sache que, si l'armée a été battue, c'est qu'elle a été trahie ; il faut que la nation sache que, tant que son général a voulu la liberté, l'armée a marché à des triomphes.

Je termine par une observation : vous voyez maintenant à découvert le projet de ceux qui parlaient au peuple de couper des têtes, vous voyez s'ils ne voulaient pas la royauté. Je sais bien que le peuple ne la voulait pas, mais il était trompé. On lui parle sans cesse de se lever. Eh bien ! peuple français, lève-toi, suis le conseil de tes perfides ennemis, forge-toi des chaînes, car c'est la liberté qu'on veut perdre, et non pas quelques membres de la Convention.

Et vous, mes collègues, souvenez-vous que le sort de la liberté est entre vos mains ; souvenez-vous que le peuple veut la justice. Il a vu assez longtemps le Capitole et le trône, il veut voir maintenant la roche Tarpéienne et l'échafaud. (*Applaudissements.*) Le tribunal que vous avez créé ne marche pas encore ; je demande :

1° Qu'il rende compte tous les trois jours des procès

qu'il a jugés et de ceux qu'il instruit ; de cette manière on saura s'il a fait justice.

2° Je demande que les citoyens Égalité et Sillery, qui sont inculpés, mais que je suis loin de croire coupables, soient mis en état d'arrestation chez eux.

3° Je demande que la commission demandée par Danton soit à l'instant organisée.

4° Que le procès-verbal qui vous a été lu soit imprimé, envoyé aux départements et aux armées, qu'une adresse soit jointe à ce procès-verbal ; ce moyen est puissant ; car, lorsque le peuple voit une adresse de l'Assemblée nationale, il croit voir un oracle. Je demande enfin, pour prouver à la nation que nous ne capitulerons jamais avec un tyran, que chacun d'entre nous prenne l'engagement de donner la mort à celui qui tenterait de se faire roi ou dictateur. (*Une acclamation unanime se fait entendre. Les applaudissements et les cris : Oui, oui ! se répètent à plusieurs reprises. L'assemblée entière est levée ; tous les membres, dans l'attitude du serment, répètent celui de Lasource. Les tribunes applaudissent.*)

BIROTEAU. — Je demande la parole pour un fait personnel.

Au comité de défense générale, où l'on agita les moyens de sauver la patrie, Fabre d'Églantine, qu'on connaît très lié avec Danton, qui, dans une séance précédente, avait fait son éloge, Fabre d'Églantine, dis-je, annonce qu'il avait un moyen de sauver la République, mais qu'il n'osait pas en faire part, attendu qu'on calomniait sans cesse les opinions. On le rassura, en lui disant que les opinions étaient libres, et que d'ailleurs tout ce qui se disait au comité y demeurait enseveli.

Alors Fabre d'Églantine à mots couverts proposa un roi. (*De violents murmures se font entendre.*)

PLUSIEURS MEMBRES *s'écrient à la fois* : — Cela n'est pas vrai !

DANTON. — C'est une scélératesse : vous avez pris la défense du roi, et vous voulez rejeter vos crimes sur nous.

BIROTEAU. — Je vais rendre les propres paroles de Fabre avec la réponse qu'on lui fit. Il dit : (*De nouveaux murmures s'élèvent.*)

DELMAS. — Je demande la parole au nom du salut public.

Citoyens, je me suis recueilli ; j'ai écouté tout ce qui a été dit à cette tribune. Mon opinion est que l'explication qu'on provoque dans ce moment doit perdre la République. Le peuple vous a envoyés pour sauver la chose publique ; vous le pouvez ; mais il faut éloigner cette explication ; et moi aussi j'ai des soupçons, mais ce n'est pas le moment de les éclaircir.

Je demande que l'on nomme la commission proposée par Lasource ; qu'on la charge de recueillir tous les faits, et ensuite on les fera connaître au peuple français.

DANTON. — Je somme Cambon, sans personnalités, sans s'écarter de la proposition qui vient d'être décrétée, de s'expliquer sur un fait d'argent, sur cent mille écus qu'on annonce avoir été remis à

9

Danton et à Delacroix, et de dire la conduite que la commission a tenue relativement à la réunion...

La proposition de Delmas est adoptée unanimement.

PLUSIEURS VOIX. — Le renvoi à la commission !

Cette proposition est décrétée.

Danton retourne à sa place ; toute l'extrême gauche se lève, et l'invite à retourner à la tribune pour être entendu. (*Des applaudissements s'élèvent dans les tribunes et se prolongent pendant quelques instants.*)

Danton s'élance à la tribune. (*Les applaudissements des tribunes continuent avec ceux d'une grande partie de l'Assemblée.*)

Le président se couvre pour rétablir l'ordre et le silence. (*Le calme renaît.*)

LE PRÉSIDENT. — Citoyens, je demande la parole, et je vous prie de m'écouter en silence.

Différentes propositions ont été faites : on avait provoqué une explication sur des faits qui inculpaient des membres de la Convention. Delmas a demandé la nomination d'une commission chargée d'examiner les faits et d'en rendre compte à l'Assemblée. Cette proposition a été adoptée à l'unanimité. Danton s'y était rendu, maintenant il demande la parole pour des explications ; je consulte l'Assemblée.

TOUTE LA PARTIE GAUCHE. — Non, non ! il a la parole de droit.

Un grand nombre de membres de l'autre côté réclament avec la même chaleur le maintien du décret. — (*L'Assemblée est longtemps agitée.*)

LASOURCE. — Je demande que Danton soit entendu,

et je déclare qu'il n'est entré dans mon procédé aucune passion.

Le Président. — Citoyens, dans cette crise affligeante le vœu de l'Assemblée ne sera pas équivoque. Je vais le prendre.

L'Assemblée, consultée, accorde la parole à Danton, à une très grande majorité.

Danton. — Je dois commencer par vous rendre hommage comme vraiment amis du salut du peuple, citoyens qui êtes placés à cette montagne (*se tournant vers l'amphithéâtre de l'extrémité gauche*); vous avez mieux jugé que moi. J'ai cru longtemps que, quelle que fût l'impétuosité de mon caractère, je devais tempérer les moyens que la nature m'a départis; je devais employer dans les circonstances difficiles où m'a placé ma mission la modération que m'ont paru commander les événements. Vous m'accusiez de faiblesse, vous aviez raison, je le reconnais devant la France entière. Nous, faits pour dénoncer ceux qui, par impéritie ou scélératesse, ont constamment voulu que le tyran échappât au glaive de la loi... (*Un très grand nombre de membres se lèvent en criant : Oui, oui ! et en indiquant du geste les membres placés dans la partie droite. — Des rumeurs et des récriminations violentes s'élèvent dans cette partie.*) Eh bien ! ce sont ces mêmes hommes... (*Les murmures continuent à la droite de la tribune. — L'orateur se tournant vers les interrupteurs.*) Vous me répondrez, vous me répondrez... Citoyens, ce sont, dis-je, ces mêmes hommes qui prennent aujourd'hui l'attitude insolente de dénonciateurs... (*Grangeneuve interrompt. — Les murmures d'une grande partie de l'Assemblée couvrent sa voix.*)

GRANGENEUVE. — Je demande à faire une interpellation à Danton...

UN GRAND NOMBRE DE VOIX. — Vous n'avez pas la parole... A l'Abbaye !

DANTON. — Et d'abord, avant que d'entrer aussi à mon tour dans des rapprochements, je vais répondre. Que vous a dit Lasource? Quelle que soit l'origine de son roman, qu'il soit le fruit de son imagination ou la suggestion d'hommes adroits... (*De nouveaux murmures s'élèvent dans la partie de la salle à la droite de la tribune.*)

ALBITTE. — Nous avons tranquillement écouté Lasource, soyez tranquilles à votre tour.

DANTON. — Soit que cet homme, dont on s'est emparé plusieurs fois dans l'Assemblée législative, ait voulu préparer, ce que j'aime à ne pas croire, le poison de la calomnie contre moi, pour le faire circuler pendant l'intervalle qui s'écoulera entre sa dénonciation et le rapport général qui doit vous

être fait sur cette affaire, je n'examine pas maintenant ses intentions. Mais que vous a-t-il dit? Qu'à
mon retour de la Belgique, je ne me suis pas présenté au Comité de défense générale; il en a
menti : plusieurs de mes collègues m'ont cru
arrivé vingt-quatre heures avant mon retour
effectif, pensant que j'étais parti le jour même de
l'arrêté de la commission; je ne suis arrivé que le
vendredi 29, à huit heures du soir. Fatigué de ma
course et du séjour que j'ai fait à l'armée, on ne
pouvait exiger que je me transportasse immédiate-
ment au comité. Je sais que les soupçons de l'inculpation m'ont précédé. On a représenté vos commissaires comme les causes de la désorganisation
de l'armée. Nous, désorganisateurs! nous, qui
avons rallié les soldats français, nous, qui avons
fait déloger l'ennemi de plusieurs postes importants! Ah! sans doute tel a dit que nous étions
venus pour sonner l'alarme, qui, s'il eût été témoin
de notre conduite, vous aurait dit que nous étions
faits pour braver le canon autrichien, comme nous
braverons les complots et les calomnies des ennemis de la liberté.

J'en viens à la première inculpation de Lasource.
En arrivant, je n'étais pas même instruit qu'il dût
y avoir comité ce jour-là. Me fera-t-on un crime
d'avoir été retenu quelques heures chez moi pour
réparer mes forces affaiblies par le voyage et par la

9.

nécessité de manger ? Dès le lendemain, je suis
allé au comité ; et quand on vous a dit que je n'y
ai donné que de faibles détails, on a encore menti.
J'adjure tous mes collègues qui étaient présents à
cette séance : j'ai dit que Dumouriez regardait la
Convention comme un composé de trois cents hommes stupides et de quatre cents scélérats. « Que
peut faire pour la République, ai-je ajouté, un
homme dont l'imagination est frappée de pareilles
idées? Arrachons-le à son armée. » (*L'orateur se
tournant vers l'extrémité gauche de la salle*.) N'est-
ce pas cela que j'ai dit? (*Plusieurs voix.* — Oui!
oui!)

Il y a plus. Camus, qu'on ne soupçonnera pas
d'être mon partisan individuel, a fait un récit qui a
coupé le mien ; et ici j'adjure encore mes collègues. Il a fait un rapport dont les détails se sont
trouvés presque identiques avec le mien. (*Plusieurs voix.* — Cela est vrai!)

Ainsi, il est résulté de ce que nous avons dit
en commun un rapport effectif au comité.

Lasource trouve étrange que je sois resté à
Paris, tandis que ma mission me rappelait dans la
Belgique; il cherche à faire croire à des intelli-
gences entre Delacroix et moi, dont l'un serait resté
à l'armée, et l'autre à Paris, pour diriger à la fois
les deux fils de la conspiration.

Lasource n'est pas de bonne foi; Lasource sait

bien que je ne devais partir qu'autant que j'aurais des mesures à porter avec moi ; que j'avais demandé et déclaré que je voulais rendre compte à la Convention de ce que je savais. Il n'y a donc dans ma présence ici aucun rapport avec les événements de la Belgique, aucun délit, rien qui puisse faire soupçonner une connivence. Lasource vous a dit : « Danton et Delacroix ont proclamé que, si un décret d'accusation était porté contre Dumouriez, il s'exécuterait, et qu'il suffirait que le décret fût connu par les papiers publics pour que l'armée l'exécutât elle-même. Comment donc ces mêmes commissaires n'ont-ils pas fait arrêter Dumouriez?... » Je ne nie pas le propos cité par Lasource ; mais avions-nous ce décret d'accusation dont j'ai parlé? Pouvions-nous prendre la résolution d'enlever Dumouriez, lorsque nous n'étions à l'armée que Delacroix et moi, lorsque la commission n'était pas rassemblée? Nous nous sommes rendus vers la commission, et c'est elle qui a exigé que Delacroix retournât vers l'état-major, et qui a jugé qu'il y aurait du danger, pour la retraite même de l'armée, à enlever Dumouriez. Comment se fait-il donc qu'on me reproche, à moi individu, ce qui est du fait de la commission? La correspondance des commissaires prouve qu'ils n'ont pu se saisir de l'individu Dumouriez. Qu'auraient-ils donc fait en notre place, ceux qui nous

accusent? eux qui ont signé des taxes, quoiqu'il y
eût un décret contraire. (*On applaudit dans une
grande partie de l'Assemblée.*)

Je dois dire un fait qui s'est passé dans le Comité
même de défense générale. C'est que, lorsque je
déclarai que je croyais du danger à ce qu'on lût la
lettre de Dumouriez, et à s'exposer d'engager un
combat au milieu d'une armée en retraite, en présence de l'ennemi, je proposai cependant des
mesures pour que l'on parvînt à se saisir du général, au moment où on pourrait le faire sans inconvénient. Je demandai que les amis même de
Dumouriez, que Guadet, Gensonné se rendissent
à l'armée; que, pour lui ôter toute défiance, les
commissaires fussent pris dans les deux partis de
la Convention, et que par là il fût prouvé en même
temps que, quelles que soient les passions qui
vous divisent, vous êtes unanimes pour ne jamais
consentir à recevoir la loi d'un seul homme. (*On
applaudit.*) Ou nous le guérirons momentanément,
leur disais-je, ou nous le garrotterons. Je demande
si l'homme qui proférait ces paroles peut être
accusé d'avoir eu des *ménagements* pour Dumouriez.

Quels sont ceux qui ont pris constamment des
ménagements? Qu'on consulte les canaux de l'opinion, qu'on examine ce qu'on disait partout, par
exemple dans le journal qui s'intitule *Patriote*

français. On y disait que Dumouriez était *loin d'associer ses lauriers aux cyprès du 2 septembre.* C'est contre moi qu'on excitait Dumouriez. Jamais on n'a eu la pensée de nous associer dans les mêmes complots; nous ne voulions pas prendre sur nous la responsabilité de l'enlèvement de Dumouriez; mais je demande si l'on ne m'a pas vu déjouer constamment la politique de ce général, ses projets de finances, les projets d'ambition qu'il pouvait avoir sur la Belgique; je les ai constamment mis à jour. Je le demande à Cambon; il dira, par exemple, la conduite que j'ai tenue relativement aux 300.000 livres de dépenses qui ont été secrètement faites dans la Belgique.

Et aujourd'hui, parce que j'ai été trop sage et trop circonspect, parce qu'on a eu l'art de répandre que j'avais un parti, que je voulais être *dictateur,* parce que je n'ai pas voulu, en répondant à mes adversaires, produire de trop rudes combats, occasionner des déchirements dans cette assemblée, on m'accuse de mépriser et d'avilir la Convention.

Avilir la Convention! Et qui plus que moi a constamment cherché à relever sa dignité, à fortifier son autorité? N'ai-je pas parlé de mes ennemis même avec une sorte de respect? (*Se tournant vers la partie droite.*) Je vous interpelle, vous qui m'accusez sans cesse...

PLUSIEURS VOIX. — Tout à l'heure vous venez de prouver votre respect.

Tout à l'heure, cela est vrai; ce que vous me reprochez est exact; mais pourquoi ai-je abandonné le système du silence et de la modération ? parce qu'il est un terme à la prudence, parce que quand on se sent attaqué par ceux-là mêmes qui devraient s'applaudir de ma circonspection, il est permis d'attaquer à son tour et de sortir des limites de la patience. (*On applaudit dans une grande partie de l'Assemblée.*)

Mais comment se fait-il que l'on m'impute à crime la conduite d'un de mes collègues? Oui, sans doute, j'aime Delacroix; on l'inculpe parce qu'il a eu le bon esprit de ne pas partager, je le dis franchement, je le tiens de lui, parce qu'il n'a pas voulu partager les vues et les projets de ceux qui ont cherché à sauver le tyran. (*De violents murmures s'élèvent dans la partie droite. — Les plus vifs applaudissements éclatent dans une grande partie du côté opposé et dans les tribunes.*)

Quelques voix s'élèvent pour demander que Danton soit rappelé à l'ordre.

DUHEM. — Oui, c'est vrai, on a conspiré chez Roland, et je connais le nom des conspirateurs.

MAURE. — C'est Barbaroux, c'est Brissot, c'est Guadet.

DANTON. — Parce que Delacroix s'est écarté du fédéralisme et du système perfide de l'appel au peuple; parce que, lorsqu'après l'époque de la mort de Lepeletier, on lui demanda s'il voulait que la Convention quittât Paris, il fit sa profession de foi, en répondant : « J'ai vu qu'on a armé de préventions tous les départements contre Paris, je ne suis pas des vôtres. » On a inculpé Delacroix, parce que, patriote courageux, sa manière de voter dans l'Assemblée a toujours été consé quente à la conduite qu'il a tenue dans la grande affaire du tyran. Il semble aujourd'hui que, moi, j'en aie fait mon second en conjuration. Ne sont-ce pas là les conséquences, les aperçus jetés en avant par Lasource? (*Plusieurs voix à la droite de la tribune* : Oui, oui! — *Une autre voix* : Ne parlez pas tant, mais répondez!) Eh! que voulez-vous que je réponde? J'ai d'abord réfuté pleinement les détails de Lasource : j'ai démontré que j'avais rendu au Comité de défense générale le compte que je lui devais, qu'il y avait identité entre mon rapport et celui de Camus qui n'a été qu'un prolongement du mien; que, si Dumouriez n'a pas été déjà amené pieds et poings liés à la Convention, ce ménagement n'est pas de mon fait. J'ai répondu enfin assez pour satisfaire tout homme de bonne foi (*plusieurs voix dans l'extrémité gauche* : Oui, oui!); et certes, bientôt je tirerai la lumière de ce chaos.

Les vérités s'amoncelleront et se dérouleront
devant vous. Je ne suis pas en peine de ma justification.

Mais tout en applaudissant à cette commission
que vous venez d'instituer, je dirai qu'il est assez
étrange que ceux qui ont fait la réunion contre
Dumouriez; qui, tout en rendant hommage à ses
talents militaires, ont combattu ses opinions politiques, se trouvent être ceux contre lesquels cette
commission paraît être principalement dirigée.

Nous, vouloir un roi! Encore une fois, les plus
grandes vérités, les plus grandes probabilités
morales restent seules pour les nations. Il n'y a
que ceux qui ont eu la stupidité, la lâcheté de vouloir ménager un roi qui peuvent être soupçonnés
de vouloir rétablir un trône; il n'y a, au contraire,
que ceux qui constamment ont cherché à exaspérer Dumouriez contre les sociétés populaires et
contre la majorité de la Convention; il n'y a que
ceux qui ont présenté notre empressement à venir
demander des secours pour une armée délabrée
comme une pusillanimité; il n'y a que ceux qui
ont manifestement voulu punir Paris de son
civisme, armer contre lui les départements... (*Un
grand nombre de membres se levant, et indiquant
du geste la partie droite* : Oui, oui, ils l'ont voulu!)

MARAT. — Et leurs petits soupers!

Danton. — Il n'y a que ceux qui ont fait des soupers clandestins avec Dumouriez quand il était P ar is... (*On applaudit dans une grande partie de la salle.*)

Marat. — Lasource!... Lasource en était... Oh! je dénoncerai tous les traîtres.

Danton. — Oui, eux seuls sont les complices de la conjuration. (*De vifs applaudissements s'élèvent à l'extrémité gauche et dans les tribunes.*) Et c'est moi qu'on accuse!... moi!... Je ne crains rien de Dumouriez, ni de tous ceux avec qui j'ai été en relation. Que Dumouriez produise une seule ligne de moi qui puisse donner lieu à l'ombre d'une inculpation, et je livre ma tête.

Marat. — Il a vu les lettres de Gensonné... C'est Gensonné qui était en relation intime avec Dumouriez.

Gensonné. — Danton, j'interpelle votre bonne foi. Vous avez dit avoir vu la minute de mes lettres, dites ce qu'elles contenaient.

Danton. — Je ne parle pas textuellement de vos lettres, je n'ai point parlé de vous; je reviens à ce qui me concerne.

J'ai, moi, quelques lettres de Dumouriez : elles prouveront qu'il a été obligé de me rendre justice; elles prouveront qu'il n'y avait nulle identité entre son système politique et le mien : c'est à ceux qui ont voulu le fédéralisme...

PLUSIEURS VOIX. — Nommez-les !

MARAT (*se tournant vers les membres de la partie droite*). — Non, vous ne parviendrez pas à égorger la patrie !

DANTON. — Voulez-vous que je dise quels sont ceux que je désigne?

UN GRAND NOMBRE DE VOIX. — Oui, oui !

DANTON. — Écoutez !

MARAT (*se tournant vers la partie droite*). — Écoutez !

DANTON. — Voulez-vous entendre un mot qui paye pour tous?

LES MÊMES CRIS S'ÉLÈVENT. — Oui, oui !

DANTON. — Eh bien! je crois qu'il n'est plus de trêve entre la Montagne, entre les patriotes qui ont voulu la mort du tyran et les lâches qui, en voulant le sauver, nous ont calomniés dans la France. (*Un grand nombre de membres de la partie gauche se lèvent simultanément, et applaudissent. — Plusieurs voix se font entendre :* Nous sauverons la patrie!)

Eh! qui pourrait se dispenser de proférer ces

vérités, quand, malgré la conduite immobile que j'ai tenue dans cette assemblée; quand vous représentez ceux qui ont le plus de sang-froid et de courage comme des ambitieux; quand, tout en semblant me caresser, vous me couvrez de calomnies; quand beaucoup d'hommes, qui me rendent justice individuellement, me présentent à la France entière dans leur correspondance comme voulant ruiner la liberté de mon pays? Cent projets absurdes de cette nature ne m'ont-ils pas été successivement prêtés? Mais jamais la calomnie n'a été conséquente dans ses systèmes, elle s'est repliée de cent façons sur mon compte, cent fois elle s'est contredite. Dès le commencement de la Révolution, j'avais fait mon devoir, et vous vous rappelez que je fus alors calomnié, j'ai été de quelque utilité à mon pays, lorsqu'à la révolution du 10 août, Dumouriez lui-même reconnaît que j'avais apporté du courage dans le conseil, et que je n'avais pas peu contribué à nos succès. Aujourd'hui les homélies misérables d'un vieillard cauteleux, reconnu tel, ont été le texte de nouvelles inculpations; et puisqu'on veut des faits, je vais vous en dire sur Roland. Tel est l'excès de son délire, et Garat lui-même m'a dit que ce vieillard avait tellement perdu la tête, qu'il ne voyait que la mort; qu'il croyait tous les citoyens prêts à la frapper; qu'il dit un jour, en parlant de son ami, qu'il avait lui-même porté au ministère : *Je ne mourrai que de la main de Pache, depuis qu'il se met à la tête des factieux de Paris...* Eh bien! quand Paris périra, il n'y aura plus de République. Paris est le centre constitué et naturel de la France libre. C'est le centre des lumières.

On nous accuse d'être les factieux de Paris. Eh bien! nous avons déroulé notre vie devant la nation, elle a été celle d'hommes qui ont marché d'un pas ferme vers la révolution. Les projets criminels qu'on m'impute, les épithètes de scélérats, tout a été prodigué contre nous, et l'on espère maintenant nous effrayer? Oh! non. (*De vifs applaudissements éclatent dans l'extrémité gauche de la salle; ils sont suivis de ceux des tribunes. — Plusieurs membres demandent qu'elles soient rappelées au respect qu'elles doivent à l'Assemblée.*) Eh bien! les tribunes de Marseille ont aussi applaudi à la Montagne... J'ai vu depuis la Révolution, depuis que le peuple français a des représentants, j'ai vu se répéter les misérables absurdités que je viens d'entendre débiter ici. Je sais que le peuple n'est pas dans les tribunes, qu'il ne s'y en trouve qu'une petite portion, que les Maury, les Cazalès et tous les partisans du despotisme calomniaient aussi les citoyens des tribunes.

Il fut un temps où vous vouliez une garde départementale. (*Quelques murmures se font entendre.*)

On voulait l'opposer aux citoyens égarés par la
faction de Paris. Eh bien! vous avez reconnu que
ces mêmes citoyens des départements, que vous
appeliez ici, lorsqu'ils ont été à leur tour placés
dans les tribunes, n'ont pas manifesté d'autres sentiments que le peuple de Paris, peuple instruit,
peuple qui juge bien ceux qui le servent (*On
applaudit dans les tribunes et dans une très grande
partie de l'Assemblée*); peuple qui se compose de
citoyens pris dans tous les départements; peuple
exercé aussi à discerner quels sont ceux qui pros-
tituent leurs talents; peuple qui voit bien que qui
combat avec la Montagne ne peut pas servir les
projets d'Orléans. (*Mêmes applaudissements.*) Le
projet lâche et stupide qu'on avait conçu d'armer
la fureur populaire contre les Jacobins, contre vos
commissaires, contre moi, parce que j'avais annoncé
que Dumouriez avait des talents militaires, et qu'il
avait fait un coup de génie en accélérant l'entre-
prise de la Hollande : ce projet vient sans doute de
ceux qui ont voulu faire massacrer les patriotes;
car il n'y a que les patriotes qu'on égorge.

UN GRAND NOMBRE DE VOIX. — Oui, oui.

MARAT. — Lepeletier et Léonard Bourdon.

DANTON. — Eh bien! leurs projets seront toujours
déçus, le peuple ne s'y méprendra pas. J'attends
tranquillement et impassiblement le résultat de

10.

cette commission. Je me suis justifié de l'inculpation de n'avoir pas parlé de Dumouriez. J'ai prouvé que j'avais le projet d'envoyer dans la Belgique une commission composée de tous les partis pour se saisir, soit de l'esprit, soit de la personne de Dumouriez.

MARAT. — Oui, c'était bon, envoyez-y Lasource?

DANTON. — J'ai prouvé, puisqu'on me demande des preuves pour répondre à de simples aperçus de Lasource, que, si je suis resté à Paris, ce n'a été en contravention à aucun de vos décrets. J'ai prouvé qu'il est absurde de dire que le séjour prolongé de Delacroix dans la Belgique était concerté avec ma présence ici, puisque l'un et l'autre nous avons suivi les ordres de la totalité de la commission; que, si la commission est coupable, il faut s'adresser à elle et la juger sur des pièces après l'avoir entendue; mais qu'il n'y a aucune inculpation individuelle à faire contre moi. J'ai prouvé qu'il était lâche et absurde de dire que moi, Danton, j'ai reçu cent mille écus pour travailler la Belgique. N'est-ce pas Dumouriez qui, comme Lasource, m'accuse d'avoir opéré à coups de sabre la réunion? Ce n'est pas moi qui ai dirigé les dépenses qu'a entraînées l'exécution du décret du 15 décembre. Ces dépenses ont été nécessitées pour déjouer les prêtres fanatiques qui salariaient le peuple malheureux; ce n'est pas à moi qu'il faut en demander compte, c'est à Lebrun.

CAMBON. — Ces cent mille écus sont tout simplement les dépenses indispensablement nécessaires pour l'exécution du décret du 15 décembre.

DANTON. — Je prouverai subséquemment que je suis un révolutionnaire immuable, que je résisterai à toutes les atteintes, et je vous prie, citoyens (*se tournant vers les membres de la partie gauche*), d'en accepter l'augure. J'aurai la satisfaction de voir la nation entière se lever en masse pour combattre les ennemis extérieurs, et en même temps pour adhérer aux mesures que vous avez décrétées sur mes propositions.

A-t-on pu croire un instant, a-t-on eu la stupidité de croire que, moi, je me sois coalisé avec Dumouriez? Contre qui Dumouriez s'élève-t-il? Contre le tribunal révolutionnaire : c'est moi qui ai provoqué l'établissement de ce tribunal. Dumouriez veut dissoudre la Convention. Quand on a proposé, dans le même objet, la convocation des assemblées primaires, ne m'y suis-je pas opposé? Si j'avais été d'accord avec Dumouriez, aurais-je combattu ses projets de finances sur la Belgique? Aurais-je déjoué son projet de rétablissement des trois États? Les citoyens de Mons, de Liége, de Bruxelles, diront si je n'ai pas été redoutable aux

aristocrates, autant exécré par eux qu'ils méritent
de l'être : ils vous diront qui servait les projets de
Dumouriez, de moi ou de ceux qui le vantaient
dans les papiers publics, ou de ceux qui exagéraient
les troubles de Paris, et publiaient que des massacres avaient lieu dans la rue des Lombards.

Tous les citoyens vous diront : quel fut son
crime? c'est d'avoir défendu Paris.

A qui Dumouriez déclare-t-il la guerre? aux
sociétés populaires. Qui de nous a dit que sans les
sociétés populaires, sans le peuple en masse, nous
ne pourrions nous sauver? De telles mesures
coïncident-elles avec celles de Dumouriez, ou la
complicité ne serait-elle pas plutôt de la part de
ceux qui ont calomnié à l'avance les commissaires
pour faire manquer leur mission? (*Applaudissements.*) Qui a pressé l'envoi des commissaires? Qui
a accéléré le recrutement, le complètement des
armées. C'est moi! moi, je le déclare à toute la
France, qui ai le plus puissamment agi sur ce complètement. Ai-je, moi, comme Dumouriez, calomnié les soldats de la liberté qui courent en foule
pour recueillir les débris de nos armées? N'ai-je
pas dit que j'avais vu ces hommes intrépides porter
aux armées le civisme qu'ils avaient puisé dans
l'intérieur? N'ai-je pas dit que cette portion de
l'armée, qui, depuis qu'elle habitait sur une terre
étrangère, ne montrait plus la même vigueur,

reprendrait, comme le géant de la fable, en posant le pied sur la terre de la liberté, toute l'énergie républicaine? Est-ce là le langage de celui qui aurait voulu tout désorganiser? N'ai-je pas montré la conduite d'un citoyen qui voulait vous tenir en mesure contre toute l'Europe?

Qu'on cesse donc de reproduire des fantômes et des chimères qui ne résisteront pas à la lumière et aux explications.

Je demande que la commission se mette sur-le-champ en activité, qu'elle examine la conduite de chaque député depuis l'ouverture de la Convention. Je demande qu'elle ait caractère surtout pour examiner la conduite de ceux qui, postérieurement au décret pour l'indivisibilité de la République, ont manœuvré pour la détruire; de ceux qui, après la rejection de leur système pour l'appel au peuple, nous ont calomniés; et si, ce que je crois, il y a ici une majorité vraiment républicaine, elle en fera justice. Je demande qu'elle examine la conduite de ceux qui ont empoisonné l'opinion publique dans tous les départements. On verra ce qu'on doit penser de ces hommes qui ont été assez audacieux pour notifier à une administration qu'elle devait arrêter des commissaires de la Convention ; de ces hommes qui ont voulu constituer des citoyens, des administrateurs, juges des députés que vous avez envoyés dans les départements pour y réchauffer l'esprit public et y accélérer le recrutement. On verra quels sont ceux qui, après avoir été assez audacieux pour transiger avec la royauté, après avoir désespéré, comme ils en sont convenus, de l'énergie populaire, ont voulu sauver les débris de la royauté! car on ne peut trop le répéter, ceux qui ont voulu sauver l'individu, ont par là même eu intention de donner de grandes espérances au royalisme. (*Applaudissements d'une grande partie de l'Assemblée.*) Tout s'éclaircira; alors on ne sera plus dupe de ce raisonnement par lequel on cherche à insinuer qu'on n'a voulu détruire un trône que pour en rétablir un autre. Quiconque auprès des rois est convaincu d'avoir voulu frapper un d'eux, est pour tous un ennemi mortel.

Une voix. — Et Cromwell?... (*Des murmures s'élèvent dans une partie de l'Assemblée.*)

Danton, *se tournant vers l'interlocuteur.* — Vous êtes bien scélérat de me dire que je ressemble à Cromwell. Je vous cite devant la nation. (*Un grand nombre de voix s'élèvent simultanément pour demander que l'interrupteur soit censuré; d'autres, pour qu'il soit envoyé à l'Abbaye.*)

Oui, je demande que le vil scélérat qui a eu l'impudeur de dire que je suis un Cromwell soit puni, qu'il soit traduit à l'Abbaye. (*On applaudit.*) Et si, en dédaignant d'insister sur la justice que j'ai le droit de réclamer, si je poursuis mon raisonnement, je dis que, quand j'ai posé en principe que quiconque a frappé un roi à la tête, devient l'objet de l'exécration de tous les rois, j'ai établi une vérité qui ne pourrait être contestée. (*Plusieurs voix.* — C'est vrai!)

Eh bien! croyez-vous que ce Cromwell dont vous me parlez ait été l'ami des rois?

Une voix. — Il a été roi lui-même!

Danton. — Il a été craint, parce qu'il a été le plus fort. Ici ceux qui ont frappé le tyran de la France seront craints aussi. Ils seront d'autant plus craints que la liberté s'est engraissée du sang du tyran. Ils seront craints, parce que la nation est avec eux. Cromwell n'a été souffert par les rois que parce qu'il a travaillé avec eux. Eh bien! je vous interpelle tous. (*Se tournant vers les membres de la partie gauche.*) Est-ce la terreur, est-ce l'envie d'avoir un roi qui vous a fait proscrire le tyran? (*L'Assemblée presque unanime :* Non, non!) Si donc ce n'est que le sentiment profond de vos devoirs qui a dicté son arrêt de mort, si vous avez cru sauver le peuple, et faire en cela ce que la nation avait droit d'attendre de ses mandataires, ralliez-vous (*S'adressant à la même partie de l'Assemblée*), vous qui avez prononcé l'arrêt du tyran contre les lâches (*indiquant du geste les membres de la partie droite*) qui ont voulu l'épargner (*Une partie de l'Assemblée applaudit*) ; serrez-vous ; appelez le peuple à se réunir en armes contre l'ennemi du dehors, et à écraser celui du dedans, et confondez, par la vigueur et l'immobilité de votre caractère, tous les scélérats, tous les modérés (*L'orateur, s'adressant toujours à la partie gauche, et indiquant quelquefois du geste les membres du côté opposé*), tous ceux qui vous ont calomniés dans les départements. Plus de composition avec eux ! (*Vifs applaudissements d'une grande partie de l'Assemblée et des tribunes.*) Reconnaissez-le tous, vous qui n'avez jamais su tirer de votre situation politique dans la nation le parti que vous auriez pu en tirer ; qu'enfin justice vous soit rendue. Vous voyez, par la situation où je me trouve en ce moment, la nécessité où vous êtes d'être fermes, et de déclarer la guerre à tous vos ennemis, quels qu'ils soient. (*Mêmes applaudissements.*) Il faut former une phalange indomptable. Ce n'est pas vous, puisque vous aimez les sociétés populaires et le peuple, ce n'est pas vous qui voudrez un roi. (*Les applaudissements recommencent. — Non, non ! s'écrie-t-on avec force dans la grande majorité de l'Assemblée.*) C'est à vous à en ôter l'idée à ceux qui ont machiné pour conserver l'ancien tyran. Je marche à la République ; marchons-y de concert, nous verrons qui de nous ou de nos détracteurs atteindra le but.

Après avoir démontré que, loin d'avoir été jamais d'accord avec Dumouriez, il nous accuse textuellement *d'avoir fait la réunion à coups de sabre,* qu'il a dit publiquement qu'il nous ferait arrêter, qu'il était impossible à Delacroix et à moi, qui ne sommes pas la commission, de l'arracher à son armée ; après avoir répondu à tout ; après avoir rempli cette tâche de manière à satisfaire tout homme sensé et de bonne foi, je demande que la commission des six, que vous venez d'instituer, examine non seulement la conduite de ceux qui vous ont calomniés, qui ont machiné contre l'indivisibilité de la République, mais de ceux encore qui ont cherché à sauver le tyran (*Nouveaux applaudissements d'une partie de l'Assemblée et des tribunes*), enfin de tous les coupables qui ont voulu ruiner la liberté, et l'on verra si je redoute les accusateurs.

Je me suis retranché dans la citadelle de la raison ; j'en sortirai avec le canon de la vérité, et je pulvériserai les scélérats qui ont voulu m'accuser. (*Danton descend de la tribune au milieu des plus vifs applaudissements d'une très grande partie de l'Assemblée et des citoyens. Plusieurs membres de l'extrémité gauche se précipitent vers lui pour l'embrasser. Les applaudissements se prolongent.*)

11

XX

SUR LE COMITÉ DE SALUT PUBLIC

(3 *avril* 1793)

Dans la séance permanente de la Convention, commencée le mercredi 3 avril, au matin, Isnard proposa, au nom du Comité de défense générale, la création d'un nouveau comité d'exécution composé de neuf membres chargés de remplir les fonctions qui étaient attribuées au Conseil exécutif, et de prendre toutes les mesures de défense générale que pouvaient nécessiter les circonstances. Danton, tout en adoptant le principe, en fit renvoyer le projet de décret au lendemain. Dans sa séance du vendredi 5 avril, la Convention élut les neuf membres de ce premier Comité de Salut public : Barère, Delmas, Bréard, Cambon, Jean Debry, Danton, Guyton, Treilhard, Lacroix (*Moniteur*, n° 98).

Je demande aussi la parole pour une motion d'ordre.

Quelle qu'ait été la divergence des opinions, il n'en est pas moins vrai que la majorité de la Convention veut la République. Nous voulons repousser et anéantir la conjuration des rois ; nous sentons que telle est la nature des circonstances, telle est la grandeur du péril qui nous menace, qu'il nous faut un développement extraordinaire de forces et de mesures de salut public ; nous cherchons à établir une agence funeste pour les rois ; nous sentons que, pour créer des armées, trouver de nouveaux chefs, il faut un pouvoir nouveau toujours dans la main de la Convention, et qu'elle puisse anéantir à volonté ; mais je pense que ce plan doit être médité, approfondi. Je crois qu'une République, tout en proscrivant les dictateurs et les triumvirs, n'en a pas moins le pouvoir et même le devoir de créer une autorité terrible. Telle est la violence de la tempête qui agite le vaisseau de l'État, qu'il est impossible, pour le sauver, d'agir avec les seuls principes de l'art. Écartons toute idée d'usurpation. Eh ! qui donc pourrait être usurpateur ? Vous voyez que cet homme qui avait remporté quelques victoires va appeler contre lui toutes les forces des Français. Déjà le département où il est né demande sa tête. Rapprochons-nous, rapprochons-nous fraternellement ; il y va du salut de tous. Si la conjuration triomphe, elle proscrira tout ce qui aura porté le nom de patriote, quelles qu'aient été les nuances. Je demande le renvoi du projet de décret, et l'ajournement à demain.

XXI

SUR LE PRIX DU PAIN

(5 *avril* 1793)

Sur la proposition de Lacroix (de l'Eure) la Convention décida, dans sa séance du vendredi 5 avril, de ne plus admettre aucun ci-devant privilégié, soit comme off.-cier, soit comme volontaire, dans les armées révolutionnaires. Danton demanda la création d'une garde nationale payée par la nation, comme suite logique du précédent décret. A cette proposition il ajouta celle de l'abaissement du prix du pain. « Ces deux propositions, dit le *Moniteur* (n° 99), sont adoptées au milieu des applaudissements de toute l'Assemblée. »

Le décret que vous venez de rendre annoncera à la nation et à l'univers entier quel est le grand moyen d'éterniser la République ; c'est d'appeler le peuple à sa défense. Vous allez avoir une armée de sans-culottes ; mais ce n'est pas assez ; il faut que, tandis que vous irez combattre les ennemis de l'extérieur, les aristocrates de l'intérieur soient mis

sous la pique des sans-culottes. Je demande qu'il
soit créé une garde du peuple qui sera salariée par
la nation. Nous serons bien défendus, quand nous
le serons par les sans-culottes. J'ai une autre proposition à faire ; il faut que dans toute la France
le prix du pain soit dans une juste proportion avec
le salaire du pauvre : ce qui excédera sera payé
par le riche (*On applaudit*). Par ce seul décret,
vous assurerez au peuple et son existence et sa
dignité; vous l'attacherez à la révolution; vous
acquerrez son estime et son amour. Il dira : nos
représentants nous ont donné du pain ; ils ont plus
fait qu'aucun de nos anciens rois. Je demande que
vous mettiez aux voix les deux propositions que
j'ai faites, et qu'elles soient renvoyées au Comité
pour vous en présenter la rédaction.

XXII

SUR LE DROIT DE PÉTITION DU PEUPLE

(10 avril 1793)

Ce discours de Danton fut la réponse à une motion de
Pétion tendant à traduire au tribunal révolutionnaire le
président et les secrétaires de la Section de la Halle-
aux-Blés. Cette section avait demandé, par une pétition
répandue dans Paris, le décret d'accusation contre
Roland.

C'est une vérité incontestable, que vous n'avez
pas le droit d'exiger du peuple ou d'une portion du
peuple plus de sagesse que vous n'en avez vous-
mêmes. Le peuple n'a-t-il pas le droit de sentir des
bouillonnements qui le conduisent à un délire
patriotique, lorsque cette tribune semble continuel-
lement être une arène de gladiateurs? N'ai-je pas
été moi-même, tout à l'heure, assiégé à cette tribune? Ne m'a-t-on pas dit que je voulais être dictateur?... Je vais examiner froidement le projet de
décret présenté ar Pétion ; je n'y mettrai aucune

passion, moi ; je conserverai mon immobilité, quels
que soient les flots d'indignation qui me pressent
en tous sens. Je sais quel sera le dénouement de
ce grand drame; le peuple restera libre ; je veux la
République, je prouverai que je marche constamment à ce but. La proposition de Pétion est insignifiante. On sait que dans plusieurs départements
on a demandé tour à tour la tête des membres qui
siégeaient dans l'un ou l'autre des côtés de la salle.
N'a-t-on pas aussi demandé la mienne? Tous les
jours il arrive des pétitions plus ou moins exagérées; mais il faut les juger par le fond. J'en appelle
à Pétion lui-même. Ce n'est pas d'aujourd'hui qu'il
se trouve dans les orages populaires. Il sait bien
que lorsqu'un peuple brise sa monarchie pour
arriver à la République, il dépasse son but par la
force de projection qu'il s'est donnée. Que doit faire
la représentation nationale. Profiter de ces excès
mêmes. Dans la première Assemblée constituante,
Marat n'était ni moins terrible aux aristocrates, ni
moins odieux aux modérés. Eh bien! Marat y
trouva des défenseurs; il disait aussi que la majorité était mauvaise, et elle l'était. Ce n'est pas que
je croie qu'il en soit de même de cette assemblée.
Mais que devez-vous répondre au peuple quand il
vous dit des vérités sévères ? Vous devez lui répondre en sauvant la   publique. Et depuis quand
vous doit-on des éloges? Etes-vous à la fin de votre

mission? On parle des calomniateurs : la calomnie
dans un État vraiment libre n'est rien pour l'homme
qui a conscience intime de son devoir. Encore une
fois, tout ce qui a rapport à la calomnie ne peut être
la base d'une délibération dans la Convention. Il
existe des lois, des tribunaux ; que ceux qui croient
devoir poursuivre cette adresse, l'y poursuivent.
Oui, je le déclare, vous seriez indignes de votre
mission, si vous n'aviez pas constamment devant
les yeux ces grands objets : vaincre les ennemis,
rétablir l'ordre dans l'intérieur, et faire une bonne
constitution. Nous la voulons tous, la France la
veut ; elle sera d'autant plus belle qu'elle sera
née au milieu des orages de la liberté ; ainsi
un peuple de l'antiquité construisait ses murs, en
tenant d'une main la truelle, et de l'autre l'épée
pour repousser les ennemis. N'allons pas nous faire
la guerre, animer les sections, les mettre en délibération sur des calomnies, tandis que nous devons
concentrer leur énergie pour la diriger contre les
Autrichiens... Que l'on ne vienne donc plus nous
apporter des dénonciations exagérées, comme si
l'on craignait la mort. Voilà l'exemple que vous
donnez ! Vous voulez sévir contre le peuple, et vous
êtes plus virulents que lui ! Je demande la question
préalable et le rapport du Comité de Salut public.

XXIII

SUR LA PEINE DE MORT CONTRE CEUX QUI TRANSIGENT AVEC L'ENNEMI

(13 *avril* 1793)

Robespierre demanda, dans la séance du 13 avril, de décréter la peine de mort contre quiconque proposerait, de quelque manière que ce soit, de transiger avec les ennemis. Danton appuya Robespierre tout en présentant une autre rédaction que la Convention adopta dans la même séance, malgré l'opposition de Barbaroux.

Il faut bien saisir le véritable objet de la motion qui vient d'être faite, et ne pas lui donner une étendue que n'a pas voulu lui attribuer son auteur. Je demande qu'elle soit ainsi posée : « La peine de mort est décrétée contre quiconque proposerait à la République de transiger avec des ennemis qui, pour préliminaire, ne reconnaîtraient pas la souveraineté du peuple. » Il est temps, citoyens, que la Convention nationale fasse connaître à l'Europe que la France sait allier à la politique les vertus républicaines. Vous avez rendu, dans un moment d'enthousiasme, un décret dont le motif était beau sans doute, puisque vous vous êtes obligés à donner protection aux peuples qui voudraient résister à l'oppression de leurs tyrans. Ce décret semblerait vous engager à secourir quelques patriotes qui voudraient faire une révolution en Chine. Il faut, avant tout, songer à la conservation de notre corps politique, et fonder la grandeur française. Que la République s'affermisse, et la France, par ses lumières et son énergie, fera attraction sur tous les peuples.

Mais voyez ce que votre position a d'avantageux malgré les revers que nous avons éprouvés. La trahison de Dumouriez nous donne l'occasion de faire un nouveau scrutin épuratoire de l'armée. L'ennemi va être forcé de reconnaître que la nation veut absolument la liberté, puisqu'un général victorieux qui avait promis à nos ennemis de leur livrer et son armée tout entière et une partie de la nation ne leur a porté que son *misérable individu*. Citoyens, c'est le génie de la liberté qui a lancé le char de la révolution. Le peuple tout entier le tire, et il s'arrêtera aux termes de la raison. Décrétons que nous ne nous mêlerons pas de ce qui se passe chez nos voisins ; mais décrétons aussi que la République vivra, et condamnons à mort celui qui proposerait une transaction autre que celle qui aurait pour base les principes de notre liberté.

XXIV

SUR LA TOLÉRANCE DES CULTES

(19 *avril* 1793)

A propos de la discussion sur l'article IX de la Déclaration des droits de l'homme[1], lu par Barère, dans
la séance du vendredi 19 avril, Danton prit la parole
après quelques mots de Vergniaud.

Rien ne doit plus nous faire préjuger le salut de
la patrie que la disposition actuelle. Nous avons
paru divisés entre nous, mais au moment où nous
nous occupons du bonheur des hommes nous
sommes d'accord.

Vergniaud vient de vous dire de bien grandes et
d'éternelles vérités. L'Assemblée constituante, em-
barrassée par un roi, par les préjugés qui enchaî-
naient encore la nation, par l'intolérance qui s'était
établie, n'a pu heurter de front les principes reçus,

1. Cet article était ainsi conçu : « Tout homme est libre dans
l'exercice de son culte. » (*Moniteur*, nº 111.)

et a fait encore beaucoup pour la liberté en consa-
crant celui de la tolérance. Aujourd'hui le terrain
de la liberté est déblayé, nous devons au peuple
français de donner à son gouvernement des bases
éternelles et pures! Oui! nous leur dirons : Français, vous avez la liberté d'adorer la divinité qui
vous paraît digne de vos hommages; la liberté de
culte que vos lois peuvent avoir pour objet ne peut
être que la liberté de la réunion des individus
assemblés pour rendre, à leur manière, hommage
à la divinité. Une telle liberté ne peut être atteinte
que par des lois réglementaires et de police; or,
sans doute, vous ne voudrez pas insérer dans une
déclaration des droits une loi réglementaire. Le
droit de la liberté du culte, droit sacré, sera protégé
par vos lois, qui, en harmonie avec les principes,
n'auront pour but que de les garantir. La raison
humaine ne peut rétrograder; nous sommes trop
avancés pour que le peuple puisse croire n'avoir
pas la liberté de son culte, parce qu'il ne verra pas
le principe de cette liberté gravé sur la table de
vos lois.

Si la superstition semble encore avoir quelque
part aux mouvements qui agitent la République,
c'est que la politique de nos ennemis l'a toujours
employée; mais regardez que partout le peuple,
dégagé des impulsions de la malveillance, reconnaît que quiconque veut s'interposer entre lui et la

divinité est un imposteur. Partout on a demandé la déportation des prêtres fanatiques et rebelles. Gardez-vous de mal présumer de la raison nationale ; gardez-vous d'insérer un article qui contiendrait cette présomption injuste ; en passant à l'ordre du jour, adoptez une espèce de question préalable sur les prêtres qui vous honore aux yeux de vos concitoyens et de la postérité.

GENSONNÉ. — Les principes développés pour retirer l'article me paraissent incontestables, je conviens qu'il ne doit pas se trouver dans la Déclaration des droits ; il trouvera sa place dans le chapitre particulier de la Constitution, destiné à poser les bases fondamentales de la liberté civile.

(*On demande à aller aux voix.*)

DURAND-MAILLANE. — Écoutons tout le monde.

DANTON. — Eussions-nous ici un cardinal je voudrais qu'il fût entendu.

XXV

SUR UN NOUVEL IMPOT
ET DE NOUVELLES LEVÉES

(27 *avril* 1793)

Cambon ayant, dans la séance du 27 avril, donné
connaissance de l'heureux résultat des mesures prises
par les commissaires du département de l'Hérault, la
Convention décréta la mention honorable au procès-
verbal pour le mémoire lu par Cambon, et l'envoi aux
départements. Danton monta aussitôt à la tribune pour
demander l'application à Paris et à la France entière
de ces mêmes mesures. Il conclut en demandant une
nouvelle levée de 20.000 hommes à envoyer en Vendée.
« La proposition de Danton est décrétée à l'unanimité. »
(*Moniteur*, n° 119.)

. Vous venez de décréter la mention honorable de
ce qu'a cru faire pour le salut public le département de l'Hérault. Ce décret autorise la République
entière à adopter les mêmes mesures ; car votre
décret ratifie celles qu'on vient de vous faire con-

naître. Si partout les mêmes mesures sont adoptées, la République est sauvée ; on ne traitera plus
d'agitateurs et d'anarchistes les amis ardents de la
liberté, ceux qui mettent la nation en mouvement,
et l'on dira : Honneur aux agitateurs qui tournent
la vigueur du peuple contre ses ennemis. Quand
le temple de la liberté sera assis, le peuple saura
bien le décorer. Périsse plutôt le sol de la France
que de retourner sous un dur esclavage ! mais qu'on
ne croie pas que nous devenions barbares après
avoir fondé la liberté ; nous l'embellirons. Les despotes nous porteront envie ; mais tant que le vaisseau de l'État est battu par la tempête, ce qui est à
chacun est à tous.

On ne parle plus de lois agraires ; le peuple est
plus sage que ses calomniateurs ne le prétendent,
et le peuple en masse a plus de génie que beaucoup qui se croient des grands hommes. Dans un
peuple on ne compte pas plus les grands hommes
que les grands arbres dans une vaste forêt. On a
cru que le peuple voulait la loi agraire ; cette idée
pourrait faire naître des soupçons sur les mesures
adoptées par le département de l'Hérault ; sans
doute, on empoisonnera ses intentions et ses arrêtés ;
il a, dit-on, imposé les riches ; mais, citoyens, imposer les riches, c'est les servir ; c'est un véritable
avantage pour eux qu'un sacrifice considérable ;
plus le sacrifice sera grand sur l'usufruit, plus le

fonds de la propriété est garanti contre l'envahissement des ennemis. C'est un appel à tout homme
qui a les moyens de sauver la République. Cet
appel est juste. Ce qu'a fait le département de
l'Hérault, Paris et toute la France veulent le faire.

Voyez la ressource que la France se procure.
Paris a un luxe et des richesses considérables ; eh
bien, par ce décret, cette éponge va être pressée.
Et, par une singularité satisfaisante, il va se trouver
que le peuple fera la révolution aux dépens de ses
ennemis intérieurs. Ces ennemis eux-mêmes apprendront le prix de la liberté ; ils désireront la
posséder lorsqu'ils reconnaîtront qu'elle aura conservé leurs jouissances. Paris, en faisant un appel
aux capitalistes, fournira son contingent, il nous
donnera les moyens d'étouffer les troubles de la
Vendée ; car, à quelque prix que ce soit, il faut
que nous étouffions ces troubles. A cela seul tient
votre tranquillité extérieure. Déjà les départements
du Nord ont appris aux despotes coalisés que votre
territoire ne pouvait être entamé ; et bientôt peut-
être vous apprendrez la dissolution de cette ligue
formidable de rois ; car, en s'unissant contre vous,
ils n'ont pas oublié leur vieille haine et leurs prétentions respectives, et peut-être, si le conseil exécutif eût eu plus de latitude dans ses moyens, cette
ligue serait entièrement dissoute.

Il faut donc diriger Paris sur la Vendée ; il faut

que les hommes requis dans cette ville pour former
le camp de réserve se portent sur la Vendée. Cette
mesure prise, les rebelles se dissiperont, et, comme
les Autrichiens, commenceront à se retrancher
eux-mêmes, comme eux-mêmes à cette heure sont
en quelque sorte assiégés. Si le foyer des discordes
civiles est éteint, on nous demandera la paix, et
nous la ferons honorablement.

Je demande que la Convention nationale décrète
que sur les forces additionnelles au recrutement
voté par les départements, 20.000 hommes seront
portés par le ministre de la guerre sur les départements de la Vendée, de la Mayenne et de la Loire.

12.

XXVI

AUTRE DISCOURS SUR LE DROIT DE PÉTITION

(1ᵉʳ *mai* 1793)

Une députation du faubourg Saint-Antoine vint, le
1ᵉʳ mai, réclamer à la barre de la Convention le *maxi-
mum*, un impôt sur les riches et le départ des troupes
de Paris aux frontières. Ayant exposé ces mesures, les
orateurs conclurent : « Si vous ne les adoptez pas,
nous vous déclarons... que nous sommes en état d'insurrection ; dix mille hommes sont à la porte de la
salle... » (*Moniteur*, n° 123). Boyer-Fonfrède ayant,
après un assez vif débat, demandé l'arrestation des
pétitionnaires, Danton intervint en leur faveur, comme
il était déjà intervenu, précédemment, le 10 avril. La
Convention, revenue au calme, adopta la proposition de
Danton.

Sans doute, la Convention nationale peut éprouver
un mouvement d'indignation quand on lui dit qu'elle
n'a rien fait pour la liberté ; je suis loin de désap-
prouver ce sentiment ; je sais que la Convention
peut répondre qu'elle a frappé le tyran, qu'elle a

déjoué les projets d'un ambitieux, qu'elle a créé un tribunal révolutionnaire pour juger les ennemis de la patrie, enfin, qu'elle dirige l'énergie française contre les révoltés; voilà ce que nous avons fait. Mais ce n'est pas par un sentiment d'indignation que nous devons prononcer sur une pétition bonne en elle-même. Je sais qu'on distingue la pétition du dernier paragraphe, mais on aurait dû considérer ce qu'était la plénitude du droit de pétition. Lorsqu'on répète souvent ici que nous sommes incapables de sauver la chose publique, ce n'est pas un crime de dire que, si telles mesures ne sont pas adoptées, la nation a le droit de s'insurger...

Plusieurs voix. — Les pétitionnaires ne sont pas la nation.

Danton. — On conviendra sans doute que la volonté générale ne peut se composer en masse que de volontés individuelles. Si vous m'accordez cela, je dis que tout Français a le droit de dire que, si telle mesure n'est pas adoptée, le peuple a le droit de se lever en masse. Ce n'est pas que je ne sois convaincu que de mauvais citoyens égarent le peuple, ce n'est pas que j'approuve la pétition qui vous a été présentée; mais j'examine le droit de pétition en lui-même, et je dis que cet asile devrait être sacré, que personne ne devrait

se permettre d'insulter un pétitionnaire, et qu'un
simple individu devrait être respecté par les représentants du peuple comme le peuple tout entier.
(*Quelques rumeurs.*) Je ne tirerais pas cette conséquence de ce que je viens de dire, que vous assu-
riez l'impunité à quiconque semblerait être un
conspirateur dangereux, dont l'arrestation serait
nécessaire à l'intérêt public ; mais je dis que,
quand il est probable que le crime d'un individu
ne consiste que dans des phrases mal digérées,
vous devez vous respecter vous-mêmes. Si la Convention sentait sa force, elle dirait avec dignité et
non avec passion, à ceux qui viennent lui demander
des comptes et lui déclarer qu'ils sont dans un état
d'insurrection : « Voilà ce que nous avons fait, et
vous, citoyens, qui croyez avoir l'initiative de
l'insurrection, la hache de la justice est là pour
vous frapper si vous êtes coupables. » Voilà comme
vous devez leur répondre. Les habitants du faubourg Saint-Antoine vous ont dit qu'ils vous
feraient un rempart de leur corps ; après cette
déclaration, comment n'avez-vous pas répondu aux
pétitionnaires : « Citoyens, vous avez été dans l'erreur », ou bien : « Si vous êtes coupables, la loi est
là pour vous punir. » Je demande l'ordre du jour,
et j'observe que, quand il sera notoire que la Convention a passé à l'ordre du jour motivé sur l'explication qui lui a été donnée, il n'y aura pas de

pusillanimité dans sa conduite ; croyez qu'un pareil décret produira plus d'effet sur l'âme des citoyens qu'un décret de rigueur. Je demande qu'en accordant les honneurs de la séance aux pétitionnaires, l'Assemblée passe à l'ordre du jour sur le tout.

XXVII

SUR L'ENVOI DE NOUVELLES TROUPES

EN VENDÉE

(8 *mai* 1793)

Au moment où la guerre de Vendée redoublait de violence, l'envoi de nouvelles troupes fut décidé. A propos de leur départ, Danton revint à l'idée d'appliquer de nouveaux impôts sur les riches demeurés à Paris. L'inspiration de ce discours du 8 mai fut la même que celle qui dicta la harangue fougueuse du 27 avril; le conventionnel y suit strictement la même ligne de politique intérieure.

C'est une vérité puisée dans l'histoire et dans le cœur humain, qu'une grande nation en révolution, ou même en guerre civile, n'en est pas moins redoutable à ses ennemis. Ainsi donc, loin de nous effrayer de notre situation, nous n'y devons voir que le développement de l'énergie nationale que nous pouvons tourner encore au profit de la liberté. La France entière va s'ébranler. Douze

mille hommes de troupe de ligne, tirés de vos
armées où ils seront aussitôt remplacés par des
recrues, vont s'acheminer vers la Vendée. Avec
cette force va se joindre la force parisienne. Eh
bien, combinons avec ces moyens de puissance les
moyens politiques. C'est de faire connaître à ceux
que des traîtres ont égarés, que la nation ne veut
pas verser leur sang, mais qu'elle veut les éclairer
et les rendre à la patrie.

Les despotes ne sont pas toujours malhabiles
dans leurs moyens. Dans la Belgique, l'empereur
traite les peuples avec la plus grande douceur, et
semble même flatter ceux qui s'étaient déclarés
contre lui avec le plus d'énergie; pourquoi n'agi-
rions-nous pas de même pour rendre des hommes
à la liberté? Il faut donc créer une commission
ayant pouvoir de faire grâce à ceux des rebelles
qui se soumettraient volontairement avant l'action
de la force armée.

Cette mesure prise, il faut faire marcher la force
de Paris. Deux choses se sont un moment opposées
à son recrutement : les intrigues des aristocrates
et les inquiétudes des patriotes eux-mêmes. Ceux-ci
n'ont pas considéré que Paris a une arrière-garde
bien formidable; elle est composée de 150.000 citoyens que leurs occupations quotidiennes ont
éloignés jusqu'ici des affaires publiques, mais que
vous devez engager à se porter dans les sections,

sauf à les indemniser de la perte de temps qu'ils essuieront. Ce sont ces citoyens qui, dans un grand jour, se débordant sur nos ennemis, les feront disparaître de la terre de la liberté.

Que le riche paye, puisqu'il n'est pas digne, le plus souvent, de combattre pour la liberté; qu'il paye largement et que l'homme du peuple marche dans la Vendée.

Il y a telle section où se trouvent des groupes de capitalistes, il n'est pas juste que ces citoyens profitent seuls de ce qui sortira de ces éponges. Il faut que la Convention nationale nomme deux commissaires par sections pour s'informer de l'état du recrutement. Dans les sections où le contingent est complet, ils annonceront que l'on répartira également les contributions des riches. Dans les sections qui, dans trois jours, n'auront point fourni leur contingent, ils assembleront les citoyens et les feront tirer au sort.

Ce mode, je le sais, a des inconvénients, mais il en a moins encore que tous les autres. Il est un décret que vous avez rendu en principe et dont je demande l'exécution pratique. Vous avez ordonné la formation d'une garde soldée dans toutes les grandes villes. Cette institution soulagera les citoyens que n'a pas favorisés la fortune.

Je demande qu'elle soit promptement organisée, et j'annonce à la Convention nationale qu'après avoir opéré le recrutement de Paris, si elle veut revenir à l'unité d'action, si elle veut mettre à contribution les malheurs même de la patrie, elle verra que les machinations de nos ennemis pour soulever la France n'auront servi qu'à son triomphe. La force nationale va se développer; si vous savez diriger son énergie, la patrie sera sauvée, et vous verrez les rois coalisés vous proposer une paix honorable.

XXVIII

SUR UNE NOUVELLE LOI
POUR PROTÉGER LA REPRÉSENTATION
NATIONALE

(24 *mai* 1793 [1])

La chute de la Gironde était proche. Sentant le terrain lui manquer sous les pieds, elle fit proposer un
décret dont l'article 1ᵉʳ était ainsi rédigé : « La Convention nationale met sous la sauvegarde spéciale des
bons citoyens la fortune publique, la représentation
nationale et la ville de Paris. » (*Moniteur*, nº 145.) Ce
décret émanait de la Commission des Douze et avait été
soutenu par Vigée, Vergniaud et Boyer-Fonfrède. Sans
le combattre entièrement, Danton s'opposa cependant
à son adoption immédiate. Le décret fut adopté dans la

---

1. Vermorel qui donne, p. 57, 58, quelques fragments de ce
discours lui attribue la date du 23 mai 1793. La réédition du
Moniteur (p. 467) donne en effet cette date : vendredi, 23 mai.
Mais c'est là une erreur certaine, car ce vendredi était le 24 mai.
La manchette de ce numéro (nº 146) porte d'ailleurs : Dimanche
26 mai 1793.

même séance. C'était un des suprêmes triomphes de la Gironde.

L'objet de cet article n'a rien de mauvais en soi. Sans doute la représentation nationale a besoin d'être sous la sauvegarde de la nation. Mais comment se fait-il que vous soyez assez dominés par les circonstances pour décréter aujourd'hui ce qui se trouve dans toutes vos lois? Sans doute, l'aristocratie menace de renverser la liberté, mais quand les périls sont communs à tous, il est indigne de nous de faire des lois pour nous seuls, lorsque nous trouvons notre sûreté dans celles qui protègent tous les citoyens. Je dis donc que décréter ce qu'on vous propose, c'est décréter la peur.

***. — Eh bien! j'ai peur, moi!...

DANTON. — Je ne m'oppose pas à ce que l'on prenne des mesures pour rassurer chaque individu qui craint pour sa sûreté; je ne m'oppose pas à ce que vous donniez une garde de crainte au citoyen qui tremble ici. Mais la Convention nationale peut-elle annoncer à la République qu'elle se laisse dominer par la peur. Remarquez bien jusqu'à quel point cette crainte est ridicule. Le comité vous annonce qu'il y a des dispositions portant qu'on a voulu attenter à la représentation nationale. On

sait bien qu'il existe à Paris une multitude d'aristocrates, d'agents soudoyés par les puissances;
mais les lois ont pourvu à tout; on dit qu'elles ne
s'exécutent pas; mais une preuve qu'elles s'exécutent, c'est que la Convention nationale est intacte,
et que, si un de ses membres a péri, il était du
nombre de ceux qui ne tremblent pas. Remarquez
bien que l'esprit public des citoyens de Paris
qu'on a tant calomniés...

UN GRAND NOMBRE DE VOIX. — Cela est faux! la preuve
en est dans le projet qu'on propose!

DANTON. — Je ne dis pas que ce soit calomnier
Paris que de proposer le projet de décret qui vous
est présenté; mais on a calomnié Paris, en demandant une force départementale; car, dans une ville
comme Paris, où la population présente une masse
si imposante, la force des bons citoyens est assez
grande pour terrasser les ennemis de la liberté. Je
dis que, si, dans la réunion dont on a parlé, il s'est
trouvé des hommes assez pervers pour proposer de
porter atteinte à la représentation nationale, cette
proposition a été vivement repoussée, et que si ces
hommes sont saisis et peuvent être livrés à la justice, ils ne trouveront point ici de défenseurs. On
a cherché aussi à inculper le maire de Paris, et à
le rendre, pour ainsi dire, complice de ces hommes
vendus ou traîtres; mais l'on n'a pas dit que, si le

maire de Paris n'était pas venu vous instruire de ce qui s'était passé, c'est qu'il était venu en rendre compte au Comité du Salut public, qui devait vous en instruire. Ainsi donc, quand il est démontré que les propositions qui ont été faites ont été rejetées avec horreur; quand Paris est prêt à s'armer contre tous les traîtres qu'il renferme pour protéger la Convention nationale, il est absurde de créer une loi nouvelle; pour protéger la représentation nationale, il ne s'agit que de diriger l'action des lois existantes contre le vrai coupable. Encore une fois, je ne combats pas le fond du projet, mais je dis qu'il se trouve dans les lois préexistantes. Ne faisons donc rien par peur; ne faisons rien pour nous-mêmes; ne nous attachons qu'aux considérations nationales; ne nous laissons point diriger par les passions. Prenez garde qu'après avoir créé une commission pour rechercher les complots qui se trament dans Paris, on ne vous demande s'il ne conviendrait pas d'en créer aussi une pour rechercher les crimes de ceux qui ont cherché à égarer l'esprit des départements. Je ne demande qu'une chose, c'est que les membres qui proposent ce projet se dépouillent de toutes leurs haines. Il faut que les criminels soient bien connus, et il est de votre sagesse d'attendre un rapport préliminaire sur le tout.

XXIX

POUR LE PEUPLE DE PARIS

(26 mai 1793)

L'attitude du président Isnard donna lieu, dans la
séance de la Convention du 26 mai, à de violents inci-
dents. Répondant à une députation de la Commune, il
prononça les mots, devenus fameux depuis : « Si, par
ces insurrections toujours renaissantes, il arrivait qu'on
portât atteinte à la représentation nationale, je vous le
déclare au nom de la France entière, Paris serait
anéanti ! Bientôt on chercherait sur les rives de la Seine
si Paris a existé. » Danton, se levant, cria : « Président,
je demande la parole sur votre réponse ! » Appuyé par
la gauche, il allait la prendre quand Cambon monta à
la tribune pour donner lecture d'une lettre du général
Lamorlière. A cette lecture succéda une députation de
la section des Gardes-Françaises, venant présenter son
contingent. Cette fois la réponse du président fut patriotique et modérée. Après les honneurs de la séance, dé-
cernés à des pétitionnaires de la section de l'Unité,
Danton monta à la tribune pour protester du civisme
du peuple de Paris et contre les parole d'Isnard.

Si le président eût présenté l'olivier de la paix
à la Commune avec autant d'art qu'il a présenté le
signal du combat aux guerriers qui viennent de
défiler ici, j'aurais applaudi à sa réponse, mais je
dois examiner quel peut être l'effet politique de
son discours. Assez et trop longtemps on a calomnié
Paris en masse. (*On applaudit dans la partie
gauche et dans les tribunes. Il s'élève de violents
murmures dans la partie droite.*)

PLUSIEURS VOIX. — Non, ce n'est pas Paris qu'on
accuse, mais les scélérats qui s'y trouvent.

DANTON. — Voulez-vous constater que je me suis
trompé?

UN GRAND NOMBRE DE VOIX. — Oui !

DANTON. — Ce n'est pas pour disculper Paris
que je me suis présenté à cette tribune, il n'en a
pas besoin. Mais c'est pour la République entière.
Il importe de détruire auprès des départements les
impressions défavorables que pourrait faire la
réponse du président. Quelle est cette imprécation
du président contre Paris? Il est assez étrange
qu'on vienne présenter la dévastation que feraient
de Paris tous les départements, si cette ville se
rendait coupable... (*Oui, s'écrient un grand nombre*

de voix, ils le feraient. — *On murmure dans l'extrême gauche.*) Je me connais aussi, moi, en figures oratoires. (*Murmures dans la partie droite.*) Il entre dans la réponse du président un sentiment d'amertume. Pourquoi supposer qu'un jour on cherchera vainement sur les rives de la Seine si Paris a existé? Loin d'un président de pareils sentiments, il ne lui appartient que dé présenter des idées consolantes. Il est bon que la République sache que Paris ne déviera jamais des principes; qu'après après avoir détruit le trône d'un tyran couvert de crimes, il ne le relèvera pas pour y asseoir un nouveau despote. Que l'on sache aussi que les représentants du peuple marchent entre deux écueils; ceux qui servent un parti lui apportent leurs vices comme leurs vertus. Si dans le parti qui sert le peuple il se trouve des coupables, le peuple saura les punir; mais faites attention à cette grande vérité, c'est que, s'il fallait choisir entre deux excès, il vaudrait mieux se jeter du côté de la liberté que rebrousser vers l'esclavage. En reprenant ce qu'il y a de blâmable, il n'y a plus partout que des républicains.

Depuis quelque temps les patriotes sont opprimés dans les sections. Je connais l'insolence des ennemis du peuple; ils ne jouiront pas longtemps de leur avantage; bientôt les aristocrates, fidèles aux sentiments de fureur qui les animent, vexe-

raient tout ce qui a porté le caractère de la liberté ;
mais le peuple détrompé les fera rentrer dans le
néant. Qu'avons-nous à faire, nous, législateurs,
qui sommes au centre des événements? Réprimons
tous les audacieux ; mais tournons-nous d'abord
vers l'aristocrate, car il ne changera pas.

Vous, hommes ardents, qui servez le peuple,
qui êtes attachés à sa cause, ne vous effrayez pas
de voir arriver une sorte de modérantisme perfide ;
unissez la prudence à l'énergie qui vous caracté-
rise, tous les ennemis du peuple seront écrasés.

Parmi les bons citoyens, il y en a de trop impétueux, mais pourquoi leur faire un crime d'une
énergie qu'ils emploient à servir le peuple? S'il
n'y avait pas eu des hommes ardents, si le peuple
lui-même n'avait pas été violent, il n'y aurait pas
eu de révolution.

Je reviens à mon premier objet : je ne veux
exaspérer personne parce que j'ai le sentiment de
ma force en défendant la raison. Sans faire mon
apologie, je défie de me prouver un crime. Je demande que l'on renvoie devant le tribunal révolutionnaire ceux qui auront conspiré contre la Convention ; et moi, je demande à y être renvoyé le
premier, si je suis trouvé coupable. On a répété
souvent que je n'avais pas rendu mes comptes. J'ai
eu 400.000 livres à ma disposition pour des dépenses secrètes ; j'ai rendu compte de l'emploi que

j'en ai fait; que ceux qui m'ont fait des reproches les parcourent avant de me calomnier. Une somme de 100.000 livres avait été remise entre mes mains pour faire marcher la Révolution. Cette somme devait être employée d'après l'avis du Conseil exécutif; il connaît l'emploi que j'en ai fait; il a, lui, rendu ses comptes.

PLUSIEURS VOIX. — Ce n'est pas la question!

DANTON. — Je reviens à ce que souhaite la Convention; il faut réunir les départements; il faut bien se garder de les aigrir contre Paris! Quoi! cette cité immense, qui se renouvelle tous les jours, porterait atteinte à la représentation nationale! Paris, qui a brisé le premier le sceptre de fer, violerait l'Arche sainte qui lui est confiée! Non; Paris aime la Révolution; Paris, par les sacrifices qu'il a faits à la liberté, mérite les embrassements de tous les Français. Ces sentiments sont les vôtres, eh bien! manifestez-les; faites imprimer la réponse de votre président, en déclarant que Paris n'a jamais cessé de bien mériter de la République, puisque la municipalité... (*Il s'élève de violents murmures dans une grande partie de la salle*). Puisque la majorité de Paris a bien mérité... (*On applaudit dans toutes les parties de la salle*), et cette majorité, c'est la presque totalité de Paris. (*Mêmes applaudisse-*

ments). Par cette déclaration, la nation saura apprécier la proposition qui a été faite de transporter le siège de la Convention dans une autre ville. Tous les départements auront de Paris l'opinion qu'ils doivent en avoir, et qu'ils en ont réellement. Paris, je le répète, sera toujours digne d'être le dépositaire de la représentation générale.

Mon esprit sent que, partout où vous irez, vous y trouverez des passions, parce que vous y porterez les vôtres. Paris sera bien connu; le petit nombre de conspirateurs qu'il renferme sera puni. Le peuple français, quelles que soient vos opinions, se sauvera lui-même, s'il le faut, puisque tous les jours il remporte des victoires sur les ennemis, malgré nos dissensions. Le masque arraché à ceux qui jouent le patriotisme et qui servent de rempart aux aristocrates, la France se lèvera et terrassera ses ennemis.

XXX

CONTRE LA COMMISSION DES DOUZE

(27 mai 1793)

L'arrestation d'Hébert, ordonnée par la Commission des Douze, créa une vive effervescence à la Commune. Dans la séance du lundi 27 mai, une députation de la section de la cité vint demander la traduction des Douze devant le Tribunal Révolutionnaire. Isnard, qui présidait, répondit : « Citoyens, la Convention nationale pardonne à l'égarement de votre jeunesse... » Un indescriptible tumulte s'ensuivit. Robespierré, Bourdon (de l'Oise), Henri Larivière, tentèrent en vain d'obtenir la parole. Le président s'étant couvert au milieu du tumulte, Danton s'écria sur une observation de Delacroix (d'Eure-et-Loir) : « Je vous le déclare, tant d'impudence commence à nous perdre ; nous vous résisterons ! » Et toute l'extrême gauche cria avec lui : « Nous vous résisterons ! » La droite demanda l'insertion de la phrase de Danton au procès-verbal. « Oui, dit Danton, je la demande moi-même. » Et il monta à la tribune :

Je déclare à la Convention et à tout le peuple français que si l'on persiste à retenir dans les fers des citoyens qui ne sont que présumés coupables, dont tout le crime est un excès de patriotisme ; si l'on refuse constamment la parole à ceux qui veulent les défendre ; je déclare, dis-je, que, s'il y a ici cent bons citoyens, nous résisterons.

Je déclare en mon propre nom, et je signerai cette déclaration, que le refus de la parole à Robespierre est une lâche tyrannie. Je déclare à la France entière que vous avez mis souvent en liberté des gens plus que suspects sur de simples réclamations, et que vous retenez dans les fers des citoyens d'un civisme reconnu, qu'on les tient en charte privée, sans vouloir faire aucun rapport...

PLUSIEURS MEMBRES A DROITE. — C'est faux, le rapporteur de la Commission des Douze a demandé la parole.

DANTON. — Tout membre de l'Assemblée a le droit de parler sur et contre la Commission des Douze. C'est un préalable d'autant plus nécessaire, que cette Commission des Douze tourne les armes qu'on a mises dans ses mains contre les meilleurs citoyens ; cette commission est d'autant plus funeste qu'elle arrache à leurs fonctions des magistrats du peuple.

PLUSIEURS VOIX. — Et les commissaires envoyés dans les départements!

DANTON. — Vos commissaires, vous les entendrez... Si vous vous obstinez à refuser la parole à un représentant du peuple qui veut parler en faveur d'un patriote jeté dans les fers, je déclare que je proteste contre votre tyrannie, contre votre despotisme. Le peuple français jugera.

Dans cette même séance Danton reprit la parole après la déclaration du ministre de l'Intérieur, protestant une fois encore de sa soif de paix, de son désir de concorde.

Je demande que le ministre me réponde ; je me flatte que de cette grande lutte sortira la vérité, comme des éclats de la foudre sort la sérénité de l'air; il faut que la nation sache quels sont ceux qui veulent la tranquillité. Je ne connaissais pas le ministre de l'Intérieur ; je n'avais jamais eu de relation avec lui. Je le somme de déclarer, et cette déclaration m'importe dans les circonstances où nous nous trouvons, dans un moment où un député (c'est Brissot) a fait contre moi une sanglante diatribe ; dans le moment où le produit d'une charge que j'avais est travestie en une fortune immense... (*Il s'élève de violents murmures dans la partie droite.*) Il est bon que l'on sache quelle est ma vie.

PLUSIEURS VOIX DANS LA PARTIE DROITE. — Ne nous parlez pas de vous, de votre guerre avec Brissot.

Danton. — C'est par ce que le Comité de Salut public a été accusé de favoriser les mouvements de Paris qu'il faut que je m'explique...

Plusieurs membres. — On ne dit pas cela.

Danton. — Voilà ces amis de l'ordre qui ne veulent pas entendre la vérité, que l'on juge par là quels sont ceux qui veulent l'anarchie. J'interpelle le ministre de l'Intérieur de dire si je n'ai pas été plusieurs fois chez lui pour l'engager à calmer les troubles, à unir les départements, à faire cesser les préventions qu'on leur avait inspirées contre Paris; j'interpelle le ministre de dire, si depuis la révolution, je ne l'ai pas invité à apaiser toutes les haines, si je ne lui ai pas dit : « je ne veux pas que vous flattiez tel parti plutôt que tel autre; mais que vous prêchiez l'union. » Il est des hommes qui ne peuvent pas se dépouiller d'un ressentiment. Pour moi, la nature m'a fait impétueux, mais exempt de haine. Je l'interpelle de dire s'il n'a pas reconnu que les prétendus amis de l'ordre étaient la cause de toutes les divisions, s'il n'a pas reconnu que les citoyens les plus exagérés sont les plus amis de l'ordre et de la paix. Que le ministre réponde.

XXXI

AUTRE DISCOURS
CONTRE LA COMMISSION DES DOUZE

(31 *mai* 1793)

Tandis que grondait le canon de l'insurrection de la
journée fatale pour la Gironde, Danton, intervenant dans
la discussion sur l'émeute dénoncée par Vergniaud,
reprit son réquisitoire contre la Commission des Douze
et demanda sa suppression. Il interrompit le président
Mallarmé, lui disant : « Faites donc justice, avant tout,
de la Commission! » Après un court débat sur la
question de priorité, il monta à la tribune.

J'ai demandé la parole pour motiver la priorité
en faveur de la motion de Thuriot [1]. Il ne sera pas
difficile de faire voir que cette motion est d'un
ordre supérieur à celle même de mander le comman-
dant à la barre. Il faut que Paris ait justice de la

1. « C'est l'anéantissement de la Commission que je sollicite, »
avait dit Thuriot (*Moniteur*, p. 152).

Commission ; elle n'existe pas comme la Convention. Vous avez créé une Commission impolitique...

PLUSIEURS VOIX. — Nous ne savons pas cela...

DANTON. — Vous ne le savez pas? il faut donc vous le rappeler.

Oui, votre Commission a mérité l'indignation populaire. Rappelez-vous mon discours à ce sujet, ce discours trop modéré. Elle a jeté dans les fers des magistrats du peuple, par cela seul qu'ils avaient combattu, dans des feuilles, cet esprit de modérantisme que la France veut tuer pour sauver la République. Je ne prétends pas inculper ni disculper la Commission, il faudra la juger sur un rapport et sur leur défense.

Pourquoi avez-vous ordonné l'élargissement de ces fonctionnaires publics? Vous y avez été engagés sur le rapport d'un homme que vous ne respectez pas, d'un homme que la nature a créé doux, sans passions, le ministre de l'Intérieur. Il s'est expliqué clairement, textuellement, avec développement, sur le compte d'un des magistrats du peuple. En ordonnant de le relâcher, vous avez été convaincus que la Commission avait mal agi sous le rapport politique. C'est sous ce rapport que j'en demande, non pas la cassation, car il faut un rapport, mais la suppression.

14.

Vous l'avez créée, non pour elle, mais pour vous.
Si elle est coupable, vous en ferez un exemple
terrible qui effrayera tous ceux qui ne respectent
pas le peuple, même dans son exagération révolutionnaire. Le canon a tonné, mais Paris n'a voulu
donner qu'un grand signal pour vous apporter
ses représentations ; si Paris, par une convention
trop solennelle, trop retentissante, n'a voulu
qu'avertir tous les citoyens de vous demander une
justice éclatante, Paris a encore bien mérité de la
patrie. Je dis donc que, si vous êtes législateurs
politiques, loin de blâmer cette explosion, vous la
tournerez au profit de la chose publique, d'abord
en réformant vos erreurs, en cassant votre Commission. Ce n'est qu'à ceux qui ont reçu quelques
talents politiques que je m'adresse, et non à ces
hommes stupides qui ne savent faire parler que
leurs passions. Je leur dis : « Considérez la grandeur
de votre but, c'est de sauver le peuple de ses ennemis, des aristocrates, de le sauver de sa propre
colère. » Sous le rapport politique, la Commission
a été assez dépourvue de sens pour prendre de
nouveaux arrêtés et de les notifier au maire de
Paris, qui a eu la prudence de répondre qu'il con-
sulterait la Convention. Je demande la suppression
de la Commission, et le jugement de la conduite
particulière de ses membres. Vous les croyez
irréprochables ; moi je crois qu'ils ont servi leurs

ressentiments. Il faut que ce chaos s'éclaircisse ;
mais il faut donner justice au peuple.

Quelques voix. — Quel peuple?

Danton. — Quel peuple, dites-vous? ce peuple
est immense, ce peuple est la sentinelle avancée
de la République. Tous les départements haïssent
fortement la, tyrannie. Tous les départements
exècrent ce lâche modérantisme qui ramène la
tyrannie. Tous les départements en un jour de
gloire pour Paris avoueront ce grand mouvement
qui exterminera tous les ennemis de la liberté.
Tous les départements applaudiront à votre
sagesse, quand vous aurez fait disparaître une Commission impolitique. Je serai le premier à rendre
une justice éclatante à ces hommes courageux qui
ont fait retentir les airs... (*Les tribunes applaudissent.*)
Je vous engage, vous, représentants du peuple,
à vous montrer impassibles ; faites tourner au
profit de la patrie cette énergie que de mauvais
citoyens seuls pourraient présenter comme funeste.
Et si quelques hommes, vraiment dangereux,
n'importe à quel parti ils appartiennent, voulaient
prolonger un mouvement devenu inutile, quand
vous aurez fait justice, Paris lui-même les fera
rentrer dans le néant ; je demande froidement la

suppression pure et simple de la Commission sous
le rapport politique seul, sans rien préjuger, ni
pour, ni contre ; ensuite vous entendrez le com-
mandant général, vous prendrez connaissance de
ce qui est relatif à ce grand mouvement, et vous
finirez par vous conduire en hommes qui ne s'ef-
fraient pas des dangers.

PALLES. — Nous savons bien que ce n'est qu'un simulacre, les citoyens courent sans savoir pourquoi.

DANTON. — Vous sentez que, s'il est vrai que ce
ne soit qu'un simulacre, quand il s'agit de la liberté
de quelques magistrats, le peuple fera pour sa
liberté une insurrection entière. Je demande que,
pour mettre fin à tant de débats fâcheux, que, pour
marcher à la Constitution qui doit comprimer
toutes les passions, vous mettiez aux voix par
l'appel nominal la révocation de la Commission.

XXXII

SUR LA CHUTE DES GIRONDINS

(13 *juin* 1793 [1])

Danton n'intervint dans la discussion des troubles du Calvados, à la Convention, que pour rallier ses collègues au parti national. Après avoir fait l'apologie de l'insurrection du 31 mai, il leur demanda de s'expliquer « loyalement » à cet égard et de songer aux dangers de la patrie.

Nous touchons au moment de fonder véritablement la liberté française, en donnant à la France une Constitution républicaine. C'est au moment d'une grande production que les corps politiques comme les corps physiques paraissent toujours menacés d'une destruction prochaine. Nous sommes

1. Une autre erreur de Vermorel, p. 203, donne à ce discours la date du 14 juin. Le n° 167 du *Moniteur*, qui le rapporte, spécifie qu'il fut prononcé dans la séance du jeudi 13 juin, dans la discussion sur les arrêtés des administrations de l'Eure et du Calvados.

entourés d'orages, la foudre gronde. Eh bien, c'est
du milieu de ses éclats que sortira l'ouvrage qui
immortalisera la nation française. Rappelez-vous,
citoyens, ce qui s'est passé du temps de la conspiration de Lafayette. Nous semblions être dans la
position dans laquelle nous nous trouvons aujourd'hui. Rappelez-vous ce qu'était alors Paris;
les patriotes étaient opprimés, proscrits partout;
nous étions menacés des plus grands malheurs.
C'est aujourd'hui la même position; il semble qu'il
n'y ait de périls que pour ceux qui ont créé la
liberté. Lafayette et sa faction furent bientôt dé-
masqués : aujourd'hui les nouveaux ennemis du
peuple se sont trahis eux-mêmes, ils ont fui, ils ont
changé de nom, de qualité, ils ont pris de faux
passeports. Ce Brissot, ce coryphée de la secte
impie qui va être étouffée, cet homme qui vantait
son courage et son indigence en m'accusant d'être
couvert d'or, n'est plus qu'un misérable qui ne peut
échapper au glaive des lois, et dont le peuple a
déjà fait justice en l'arrêtant comme un conspirateur. On dit que l'insurrection de Paris cause des
mouvements dans les départements; je le déclare à
la face de l'univers, ces événements feront la gloire
de cette superbe cité; je le proclame à la face de la
France, sans les canons du 31 mai, sans l'insurrection, les conspirateurs triomphaient, ils nous
donnaient la loi. Que le crime de cette insurrection

retombe sur nous; je l'ai appelée, moi, cette insurrection, lorsque j'ai dit que, s'il y avait dans la Convention cent hommes qui me ressemblassent, nous résisterions à l'oppression, nous fonderions la liberté sur des bases inébranlables.

Rappelez-vous qu'on a dit que l'agitation qui règne dans les départements ne s'était manifestée que depuis les événements qui se sont passés ici. Eh bien, il y a des pièces qui constatent qu'avant le 31 mai les départements avaient envoyé une circulaire pour faire une fédération et se coaliser.

Que nous reste-t-il à faire? A nous identifier avec le peuple de Paris, avec tous les bons citoyens, à faire le récit de tout ce qui s'est passé. On sait que moi, plus que tout autre, j'ai été menacé des baïonnettes, qu'on les a appuyées sur ma poitrine; on sait que nous avons couvert de nos corps ceux qui se croyaient en danger. Non, les habitants de Paris n'en voulaient pas à la liberté d'aucun représentant du peuple; ils ont pris l'attitude qui leur convenait; ils se sont mis en insurrection. Que les adresses envoyées des départements pour calomnier Paris ne vous épouvantent pas; elles sont l'ouvrage de quelques intrigants et non celui des citoyens des départements: rappelez-vous qu'il en est venu de semblables contre Paris en faveur du tyran. Paris est le centre où tout vient aboutir; Paris sera le foyer qui recevra tous les rayons du

patriotisme français, et en brûlera tous les ennemis.
Je demande que vous vous expliquiez loyalement
sur l'insurrection qui a eu de si heureux résultats.
Le peuple voit que ces hommes qu'on avait accusés
de vouloir se gorger du sang du peuple ont plus
fait depuis huit jours pour le bonheur du peuple
que la Convention, tourmentée par des intrigants,
n'en avait pu faire depuis son existence. Voilà le
résultat qu'il faut présenter au peuple des départements : il est bon, il applaudira à vos sages mesures. Les hommes criminels qui ont fui ont
répandu des terreurs partout sur leur passage ; ils
ont tout exagéré, tout amplifié ; mais le peuple
détrompé réagira plus fortement, et se vengera sur
ceux qui l'ont trompé.

Quant à la question qui nous occupe, je crois
qu'il faut prendre des mesures générales pour tous
les départements ; il faut qu'il soit accordé vingt-
quatre heures aux administrateurs qui auraient pu
être égarés, sans cependant donner une amnistie
aux agitateurs. Il faut que, dans les départements
où les Communes patriotes luttent contre des administrateurs aristocrates, ces administrateurs soient
destitués et remplacés par de vrais républicains.
Je demande enfin que la Convention déclare que,
sans l'insurrection du 31 mai, il n'y aurait plus de
liberté.

Citoyens, pas de faiblesse ; faites cette déclaration

solennelle au peuple français ; dites-lui qu'on veut encore le retour des nobles ; dites-lui que la horde scélérate, vient de prouver qu'elle ne voulait pas de constitution ; dites-lui de prononcer entre la Montagne et cette faction ; dites aux citoyens français : « Rentrez dans vos droits imprescriptibles ; serrez-vous autour de la Convention ; préparez-vous à accepter la constitution qu'elle va vous présenter ; cette constitution qui, comme je l'ai déjà dit, est une batterie qui fait un feu à mitraille contre les ennemis de la liberté, et qui les écrasera tous ; préparez une force armée, mais que ce soit contre les ennemis de la Vendée. Étouffez la rébellion de cette partie de la France et vous aurez la paix. »

Le peuple, instruit sur cette dernière époque de la Révolution, ne se laissera plus surprendre. On n'entendra plus de calomnies contre une ville qui a créé la liberté, qui ne périra pas avec elle, mais qui triomphera avec la liberté, et passera avec elle à l'immortalité.

XXXIII

CONTRE LES ASSIGNATS ROYAUX

(31 *juillet* 1793).

Cambon, dans cette séance du 31 juillet, proposa à la
Convention de démonétiser les assignats royaux d'une
valeur au-dessus de cent livres, tout en gardant la
valeur de ceux de cinquante livres. Sur cette proposition, Bazire demanda la question préalable. Danton se
rangea à l'avis de Cambon, dont la Convention en cette
même séance adopta le décret.

Je demande à parler contre l'ajournement... Je
combats la question préalable demandée par Bazire. Il y a plus de six mois que j'ai dit ici qu'il
y a trop de signes représentatifs en circulation; il
faut que ceux qui possèdent immensément payent
la dette nationale. Quels sont ceux qui supportent
la misère publique, qui versent leur sang pour la
liberté, qui combattent l'aristocratie financière et
bourgeoise? ce sont ceux qui n'ont pas en leur
pouvoir un assignat royal de cent livres. Frappez,

que vous importent les clameurs des aristocrates ;
lorsque le bien sort en masse de la mesure que vous
prenez, vous obtenez la bénédiction nationale. On
a dit que cette loi aurait un effet rétroactif, c'est ici
une loi politique, et toutes les lois politiques qui
ont rasé le despotisme n'ont-elles pas eu un effet
rétroactif? Qui de vous peut les blâmer?

On a dit que celui qui n'a qu'un assignat de cent
livres sera grevé, parce qu'il sera obligé de vendre
son assignat. Je réponds qu'il y gagnera, car les
denrées baisseront ; d'ailleurs, ce ne sont pas les
hommes de la Révolution qui ont ces assignats.
Soyez comme la nature, elle voit la conservation
de l'espèce ; ne regardez pas les individus. Si le
despotisme triomphait, il ferait disparaître tous les
signes de la liberté. Eh bien, ne souillez pas les
yeux des amis de la liberté de l'image du tyran
dont la tête est tombée sous le glaive de la loi. Les
despotes de l'Europe diront : « Quelle est cette nation puissante qui par un seul décret améliore la
fortune publique, soulage le peuple, fait revivre le
crédit national, et prépare de nouveaux moyens de
combattre les ennemis? » Cette mesure n'est pas
nouvelle, Cambon l'a longtemps méditée ; il est de
votre devoir de l'adopter; si vous ne l'adoptez pas,
la discussion qui vient d'avoir lieu produira des
inconvénients qui peuvent être attachés à la loi, et
n'en présentera aucun avantage. Je ne me connais

pas grandement en finances, mais je suis savant
dans le bonheur de mon pays. Les riches frémissent
de ce décret; mais je sais que ce qui est funeste à
ces gens est avantageux pour le peuple. Le renché-
rissement des denrées vient de la trop grande
masse d'assignats en circulation; que l'éponge nationale épuise cette grande masse, l'équilibre se
rétablira. Je demande que la proposition de Cambon soit adoptée.

XXXIV

DISCOURS

**POUR QUE LE COMITÉ DE SALUT PUBLIC
SOIT ÉRIGÉ EN GOUVERNEMENT PROVISOIRE**

(1er *août* 1793)

Ce discours est un des plus importants de la carrière
politique de Danton. C'est de lui que sortit la dictature
jacobine et terroriste qui souleva la France et lui assura
la victoire. Danton, président depuis le 25 juillet, descendit du fauteuil à la tribune pour le prononcer après
une motion violente de Couthon. Ce dernier, après
avoir déclaré : « Le gouvernement anglais nous fait
une guerre d'assassins », demanda à la Convention
d'infliger aux Français plaçant des fonds à Londres
une amende égale à celle de l'argent déposé, et d'obliger
les déposants, sous peine de la même amende, à déclarer
leurs dépôts dans le mois suivant la publication du
décret proposé. Le discours de Danton suivit aussitôt
cette motion.

J'appuie d'autant plus ces propositions que le
moment est arrivé d'être politique. Sans doute un

15.

peuple républicain ne fait pas la guerre à ses ennemis par la corruption, l'assassinat et le poison.
Mais le vaisseau de la raison doit avoir son gouver-
nail, c'est la saine politique. Nous n'aurons de
succès que lorsque la Convention, se rappelant que
l'établissement du Comité de Salut public est une
des conquêtes de la liberté, donnera à cette institution l'énergie et le développement dont elle peut
être susceptible. Il a, en effet, rendu assez de services pour qu'elle perfectionne ce genre de gouvernement. N'en doutez pas, ce Cobourg qui s'avance
sur votre territoire rend le plus grand service à la
République. Les mêmes circonstances que l'année
dernière se reproduisent aujourd'hui; les mêmes
dangers nous menacent... Mais le peuple n'est
point usé, puisqu'il a accepté la Constitution; j'en
jure par l'enthousiasme sublime qu'elle vient de
produire. Il a, par cette acceptation, contracté l'engagement de se déborder tout entier contre les
ennemis. Eh bien, soyons terribles, faisons la
guerre en lions. Pourquoi n'établissons-nous pas
un gouvernement provisoire qui seconde, par de
puissantes mesures, l'énergie nationale? Je le
déclare, je n'entrerai dans aucun comité responsable. Je conserverai ma pensée tout entière, et la
faculté de stimuler sans cesse ceux qui gouvernent,
mais je vous donne un conseil, j'espère que vous
en profiterez. Il nous faut les mêmes moyens

qu'emploie Pitt, à l'exception de ceux du crime. Si
vous eussiez, il y a deux mois, éclairé les départements sur la situation de Paris; si vous eussiez
répandu partout le tableau fidèle de votre conduite;
si le ministre de l'Intérieur se fût montré grand
et ferme, et qu'il eût fait pour la Révolution ce
que Roland a fait contre elle, le fédéralisme et
l'intrigue n'auraient pas excité de mouvements
dans les départements. Mais rien ne se fait. Le
gouvernement ne dispose d'aucun moyen politique.

Il faut donc, en attendant que la Constitution
soit en activité et pour qu'elle puisse l'être, que
votre Comité de Salut public soit érigé en gouvernement provisoire; que les ministres ne soient que
les premiers agents de ce Comité de gouvernement.

Je sais qu'on objectera que les membres de la
Convention ne doivent pas être responsables. J'ai
déjà dit que vous êtes responsables de la liberté, et
que si vous la sauvez, et alors seulement, vous
obtiendrez les bénédictions du peuple. Il doit être
mis à la disposition de ce Comité de gouvernement
les fonds nécessaires pour les dépenses politiques
auxquelles nous obligent les perfidies de nos ennemis. La raison peut être servie à moindres frais
que la perfidie; ce Comité pourra enfin mettre à
exécution des mesures provisoires fortes, avant
leur publicité.

N'arrachons point en ce moment aux travaux de la campagne les bras nécessaires à la récolte. Prenons une première mesure, c'est de faire un inventaire rigoureux de tous les grains. Pitt n'a pas seulement joué sur nos finances ; il a accaparé, il a exporté nos denrées. Il faudrait avant tout assurer tous les Français que, si le ciel et la terre nous ont si bien servis, nous n'aurons plus à craindre la disette factice dans une année d'abondance. Il faudra, après la récolte, que chaque commune fournisse un contingent d'hommes qui s'enrôleront d'autant plus volontiers que le terme de la campagne approche. Chez un peuple qui veut être libre, il faut que la nation entière marche quand sa liberté est menacée. L'ennemi n'a encore vu que l'avant-garde nationale. Qu'il sente enfin le poids des efforts réunis de cette superbe nation. Nous donnons au monde un exemple qu'aucun peuple n'a donné encore. La nation française aura voulu individuellement, et par écrit, le gouvernement qu'elle a adopté ; et périsse un peuple qui ne saurait pas défendre un gouvernement aussi solennellement juré !

Remarquez que dans la Vendée on fait la guerre avec plus d'énergie que nous. On fait marcher de force les indifférents. Nous qui stipulons pour les générations futures ; nous que l'univers contemple ; nous qui, même en périssant tous, laisserions des noms illustres, comment se fait-il que nous envisageons dans une froide inaction les dangers qui nous menacent? Comment n'avons-nous pas déjà entraîné sur les frontières une masse immense de citoyens? Déjà dans plusieurs départements le peuple s'est indigné de cette mollesse, et a demandé que le toscin du réveil général fût sonné. Le peuple a plus d'énergie que vous. La liberté est toujours partie de sa base. Si vous vous montrez dignes de lui, il vous suivra; et vos ennemis seront exterminés.

Je demande que la Convention érige en gouvernement provisoire son Comité de Salut public; que les ministres ne soient que les premiers commis de ce gouvernement provisoire; qu'il soit mis 50 millions à la disposition de ce gouvernement, qui en rendra compte à la fin de sa session, mais qui aura la faculté de les employer tous en un jour, s'il le juge utile.

Une immense prodigalité pour la cause de la liberté est un placément à usure. Soyons donc grands et politiques partout. Nous avons dans la France une foule de traîtres à découvrir et à déjouer. Eh bien, un gouvernement adroit aurait une foule d'agents : et remarquez que c'est par ce moyen que vous avez découvert plusieurs correspondances précieuses. Ajoutez à la force des armes, au développement de la force nationale, tous les moyens additionnels que les bons esprits peuvent vous suggérer. Il ne faut pas que l'orgueilleux ministre d'un despote surpasse en génie et en moyens ceux qui sont chargés de régénérer le monde.

Je demande, au nom de la postérité, car si vous ne tenez pas d'une main ferme les rênes du gouvernement, vous affaiblissez plusieurs générations par l'épuisement de la population; enfin vous les condamneriez à la servitude et à la misère; je demande, dis-je, que vous adoptiez sans délai ma proposition.

Après, vous prendrez une mesure pour inventorier toutes les moissons. Vous ferez surveiller les transports, afin que rien ne puisse s'écouler par les ports ou par les frontières. Vous ferez faire aussi l'inventaire des armes. A partir d'aujourd'hui vous mettrez à la disposition du gouvernement 100 millions pour fondre des canons, faire des fusils et des piques. Dans toutes les villes un peu considérables, l'enclume ne doit être frappée que pour la fabrication du fer que vous devez tourner contre vos ennemis. Dès que la moisson sera finie, vous prendrez dans chaque commune une force additionnelle, et vous verrez que rien n'est désespéré. Au moins à présent, vous êtes purgés des intrigants; vous n'êtes plus gênés dans votre marche; vous n'êtes plus tiraillés par les factions; et nos

ennemis ne peuvent plus se vanter, comme Dumouriez, d'êtres maîtres d'une partie de la Convention. Le peuple a confiance en vous. Soyez grands
et dignes de lui; car si votre faiblesse vous empê-
chait de le sauver, il se sauverait sans vous et
l'opprobre vous resterait.

Après une courte intervention de Saint-André, de
Cambon et de Barère, Danton, répondant à ce dernier
offrant sa démission de membre d'un comité chargé du
maniement des fonds, dit :

Ce n'est pas être homme public que de craindre
la calomnie. Lorsque l'année dernière, dans le conseil exécutif, je pris seul sur ma responsabilité les
moyens nécessaires pour donner la grande impulsion, pour faire marcher la nation sur les frontières; je me dis : qu'on me calomnie, je le prévois,
il ne m'importe; dût mon nom être flétri, je sau-
verai la liberté. Aujourd'hui la question est de
savoir s'il est bon que le Comité de gouvernement
ait des moyens de finances, des agents. etc., etc. Je
demande qu'il ait à sa disposition 50 millions,
avec cet amendement, que les fonds resteront à la
trésorerie nationale et n'en seront tirés que sur
des arrêtés du Comité.

Robespierre, Couthon, Lacroix et Thiriot prirent
ensuite part à la discussion, qui fut clôturée par cette
déclaration de Danton :

Je déclare que, puisqu'on a laissé à moi seul le poids de la proposition que je n'ai faite qu'après avoir eu l'avis de plusieurs de mes collègues, même des membres du Comité de salut public, je déclare, comme étant un de ceux qui ont toujours été les plus calomniés, que je n'accepterai jamais de fonctions dans ce Comité; j'en jure par la liberté de ma patrie.

XXXV

SUR LES SUSPECTS

(12 *août* 1793)

Les Assemblées primaires envoyèrent à la Convention nationale une pétition que celle-ci accueillit dans sa séance du 12 août. L'arrestation des suspects y était demandée sur tout le territoire de la République. Danton appuya la demande et proposa, en outre, de conférer aux commissaires des assemblées primaires le droit de mettre en réquisition 400.000 hommes contre les ennemis du Nord.

Les députés des assemblées primaires viennent d'exercer parmi nous l'initiative de la terreur contre les ennemis de l'intérieur. Répondons à leurs vœux; non, pas d'amnistie à aucun traître. L'homme juste ne fait point de grâce au méchant. Signalons la vengeance populaire par le glaive de la loi sur les conspirateurs de l'intérieur; mais sachons donc mettre à profit cette mémorable journée. On vous a dit qu'il fallait se lever en

masse; oui, sans doute, mais il faut que ce soit
avec ordre.

C'est une belle idée que celle que Barère vient
de nous donner, quand il vous a dit que les commissaires des assemblées primaires devaient être
des espèces de représentants du peuple, chargés
d'exciter l'énergie des citoyens pour la défense de
la constitution. Si chacun d'eux pousse à l'ennemi
vingt hommes armés, et ils doivent être à peu
près huit mille commissaires, la patrie est sauvée.
Je demande qu'on les investisse de la qualité
nécessaire pour faire cet appel au peuple; que, de
concert avec les autorités constituées et les bons
citoyens, ils soient chargés de faire l'inventaire
des grains, des armes, la réquisition des hommes,
et que le Comité de salut public dirige ce sublime
mouvement. C'est à coups de canon qu'il faut
signifier la constitution à nos ennemis. J'ai bien
remarqué l'énergie des hommes que les sections
nationales nous ont envoyés, j'ai la conviction
qu'ils vont tous jurer de donner, en retournant
dans leurs foyers, cette impulsion à leurs concitoyens.

Je demande donc qu'on mette en état d'arrestation tous les hommes vraiment suspects; mais que
cette mesure s'exécute avec plus d'intelligence que
jusqu'à présent, où, au lieu de saisir les grands
scélérats, les vrais conspirateurs, on a arrêté des

hommes plus qu'insignifiants. Ne demandez pas
qu'on les mène à l'ennemi, ils seraient dans nos
armées plus dangereux qu'utiles. Enfermons-les,
ils seront nos otages. Je demande que la Convention nationale, qui doit être maintenant pénétrée
de toute sa dignité, car elle vient d'être revêtue de
toute la force nationale, je demande qu'elle décrète
qu'elle investit les commissaires des assemblées
primaires du droit de dresser l'état des armes, des
subsistances, des munitions, et de mettre en réquisition 400.000 hommes contre nos ennemis du
Nord.

XXXVI

SUR L'INSTRUCTION
GRATUITE ET OBLIGATOIRE

(13 *août* 1793)

C'est dans ce discours qu'on a, fort heureusement,
pris une des épigraphes qui ornent la statue de Danton.
C'est que jamais plus nobles paroles et plus nobles
pensées ne furent exprimées dans la grande tourmente
révolutionnaire. C'est à elles que la démocratie moderne
doit l'instruction dont elle jouit.

Citoyens, après la gloire de donner la liberté à
la France, après celle de vaincre ses ennemis, il
n'en est pas de plus grande que de préparer aux
générations futures une éducation digne de la
liberté; tel fut le but que Lepeletier se proposa. Il
partit de ce principe que tout ce qui est bon pour
la société doit être adopté par ceux qui ont pris
part au contrat social. Or, s'il est bon d'éclairer les
hommes, notre collègue, assassiné par la tyrannie,

mérita bien de l'humanité. Mais que doit faire le législateur? Il doit concilier ce qui convient aux principes et ce qui convient aux circonstances. On a dit contre le plan que l'amour paternel s'oppose à son exécution : sans doute il faut respecter la nature même dans ses écarts. Mais, si nous ne décrétons pas l'éducation impérative, nous ne devons pas priver les enfants du pauvre de l'éducation.

La plus grande objection est celle de la finance; mais j'ai déjà dit qu'il n'y a point de dépense réelle là où est le bon emploi pour l'intérêt public, et j'ajoute ce principe, que l'enfant du peuple sera élevé aux dépens du superflu des hommes à fortunes scandaleuses. C'est à vous, républicains célèbres, que j'en appelle; mettez ici tout le feu de votre imagination, mettez-y toute l'énergie de votre caractère, c'est le peuple qu'il faut doter de l'éducation nationale. Quand vous semez dans le vaste champ de la République, vous ne devez pas compter le prix de cette semence. Après le pain, l'éducation est le premier besoin du peuple. Je demande qu'on pose la question : sera-t-il formé aux dépens de la nation des établissements où chaque citoyen aura la faculté d'envoyer ses enfants pour l'instruction publique?

Après une intervention de Charlier, Guyomard et Robespierre, Danton continua :

16.

C'est aux moines, cette espèce misérable, c'est
au siècle de Louis XIV, où les hommes étaient
grands par leurs connaissances, que nous devons
le siècle de la philosophie, c'est-à-dire de la raison
mise à la portée du peuple ; c'est aux jésuites, qui
se sont perdus par leur ambition politique, que
nous devons ces élans sublimes qui font naître
l'admiration. La République était dans les esprits
vingt ans au moins avant sa proclamation. Corneille faisait des épîtres dédicatoires à Montoron,
mais Corneille avait fait le *Cid*, *Cinna* ; Corneille
avait parlé en Romain, et celui qui avait dit :
« Pour être plus qu'un roi, tu te crois quelque
chose », était un vrai républicain.

Allons donc à l'instruction commune ; tout se
rétrécit dans l'éducation domestique, tout s'agrandit
dans l'éducation commune. On a fait une objection en présentant le tableau des affections pater-
nelles ; et moi aussi, je suis père, et plus que les
aristocrates qui s'opposent à l'éducation commune,
car ils ne sont pas sûrs de leur paternité. Eh bien,
quand je considère ma personne relativement au
bien général, je me sens élevé ; mon fils ne
m'appartient pas, il est à la République ; c'est à
elle à lui dicter ses devoirs pour qu'il la serve
bien.

On a dit qu'il répugnerait aux cœurs des cultiva-
teurs de faire le sacrifice de leurs enfants. Eh

bien, ne les contraignez pas, laissez-leur-en la
faculté seulement. Qu'il y ait des classes où il
n'enverra ses enfants que le dimanche seulement,
s'il le veut. Il faut que les institutions forment les
mœurs. Si vous attendiez pour l'État une régénération absolue, vous n'auriez jamais d'instruction.
Il est nécessaire que chaque homme puisse développer les moyens moraux qu'il a reçus de la
nature. Vous devez avoir pour cela des maisons
communes, facultatives, et ne point vous arrêter à
toutes les considérations secondaires. Le riche
payera, et il ne perdra rien s'il veut profiter de
l'instruction pour son fils. Je demande que, sauf
les modifications nécessaires, vous décrétiez qu'il
y aura des établissements nationaux où les enfants
seront instruits, nourris et logés gratuitement, et
des classes où les citoyens qui voudront garder
leurs enfants chez eux pourront les envoyer s'instruire.

XXXVII

SUR LES CRÉANCIERS DE LA LISTE CIVILE
ET LES RÉQUISITIONS DÉPARTEMENTALES

(14 *août* 1793)

Mallarmé, dans la séance du 14 août, proposa à la Convention de payer aux boulanger, boucher et autres employés de la liste civile ce qui leur demeurait dû. Il n'exceptait de cette mesure que les créanciers ayant prêté de l'argent « au ci-devant roi pour l'aider à étouffer la liberté naissante ». (*Moniteur*, n° 227.) Danton s'opposa en ces termes à la proposition de Mallarmé :

Il doit paraître étonnant à tout bon républicain que l'on propose de payer les créanciers de la ci-devant liste civile, tandis que le décret qui accorde des indemnités aux femmes et enfants des citoyens qui versent leur sang pour la patrie reste sans exécution. Aucun homme de bonne foi ne peut disconvenir que les créanciers de la liste civile ne fussent les complices du tyran dans le

projet qu'il avait formé d'écraser le peuple français.
La distinction faite par Mallarmé est nulle pour
des hommes clairvoyants. On sait qu'il y avait
des aristocrates qui prêtaient des sommes d'argent
au tyran, duquel ils recevaient des reconnais-
sances portant qu'ils lui avaient fourni telle quan-
tité de telle ou telle marchandise. Je demande
que la Convention décrète que la nation ne paiera
aucun créancier du ci-devant roi. Je demande
aussi que la liste de ses créanciers soit imprimée,
afin que le peuple les connaisse.

Les propositions de Danton furent adoptées. Barère
monta aussitôt à la tribune et demanda, au nom du
Comité de salut public, d'étendre les devoirs des envoyés
des assemblées primaires et de les charger de faire un
appel au peuple. Danton proposa de les obliger, en
outre, à de nouvelles réquisitions.

En parlant à l'énergie nationale, en faisant appel
au peuple, je crois que vous avez pris une grande
mesure, et le Comité de salut public a fait un rapport digne de lui, en faisant le tableau des dangers que court la patrie, et des ressources qu'elle
a, en parlant des sacrifices que devaient faire les
riches, mais il ne nous a pas tout dit. Si les tyrans
mettaient notre liberté en danger, nous les sur-
passerions en audace, nous dévasterions le sol
français avant qu'ils pussent le parcourir, et les

riches, ces vils égoïstes, seraient les premiers la
proie de la fureur populaire. Vous qui m'entendez,
répétez ce langage à ces mêmes riches de vos
communes; dites-leur : « Qu'espérez-vous, malheureux? Voyez ce que serait la France si l'ennemi
l'envahissait, prenez le système le plus favorable.
Une régence conduite par un imbécile, le gouvernement d'un mineur, l'ambition des puissances
étrangères, le morcellement du territoire dévore-
raient vos biens; vous perdriez plus par l'esclavage que par tous les sacrifices que vous pourriez
faire pour soutenir la liberté. »

Il faut qu'au nom de la Convention nationale,
qui a la foudre populaire entre les mains, il faut
que les envoyés des assemblées primaires, là où
l'enthousiasme ne produira pas ce qu'on a droit
d'en attendre, fassent des réquisitions à la première classe. En réunissant la chaleur de l'apostolat de la liberté à la rigueur de la loi, nous
obtiendrons pour résultat une grande masse de
forces. Je demande que la Convention donne des
pouvoirs plus positifs et plus étendus aux commissaires des assemblées primaires, et qu'ils puissent
faire marcher la première classe en réquisition.
Je demande qu'il soit nommé des commissaires
pris dans le sein de la Convention pour se con-
certer avec les délégués des assemblées primaires,
afin d'armer cette force nationale, de pourvoir à

sa subsistance, et de la diriger vers un même but.
Les tyrans, en apprenant ce mouvement sublime,
seront saisis d'effroi, et la terreur que répandra la
marche de cette grande masse nous en fera justice. Je demande que mes propositions soient
mises aux voix et adoptées.

« Les propositions de Danton sont décrétées au milieu
des applaudissements. » (*Moniteur*, n° 227.)

XXXVIII

SUR DE NOUVELLES MESURES RÉVOLUTIONNAIRES

(4 septembre 1793)

C'est, une nouvelle fois, le plus vif amour du peuple
qui inspira ce discours de Danton en réponse à la
dénonciation de Bazire d'une contre-révolution section-
naire. Grâce à lui, une indemnité de deux francs par
jour fut accordée aux citoyens assistant aux assemblées
de sections. Ce ne fut que par un décret du 4 fructidor
an II que cette mesure fut abolie. Les propositions de
Danton furent toutes trois adoptées dans cette séance.

Je pense comme plusieurs membres, notamment
comme Billaud-Varennes, qu'il faut savoir mettre
à profit l'élan sublime de ce peuple qui se presse
autour de nous. Je sais que, quand le peuple présente ses besoins, qu'il offre de marcher contre ses
ennemis, il ne faut prendre d'autres mesures que
celles qu'il présente lui-même, car c'est le génie

national qui les a dictées. Je pense qu'il sera bon
que le comité fasse son rapport, qu'il calcule et
qu'il propose les moyens d'exécution; mais je vois
aussi qu'il n'y a aucun inconvénient à décréter à
l'instant même une armée révolutionnaire. Élar-
gissons, s'il se peut, ces mesures.

Vous venez de proclamer à la face de la France
qu'elle est encore en vraie révolution active; eh
bien, il faut la consommer, cette révolution. Ne
vous effrayez point des mouvements que pourront
tenter les contre-révolutionnaires de Paris. Sans
doute ils voudraient éteindre le feu de la liberté
dans son foyer le plus ardent, mais la masse immense des vrais patriotes, des sans-culottes, qui
cent fois ont terrassé leurs ennemis, existe encore;
elle est prête à s'ébranler : sachez la diriger, et elle
confondra encore et déjouera toutes les manœuvres.
Ce n'est pas assez d'une armée révolutionnaire,
soyez révolutionnaires vous-mêmes. Songez que
les hommes industrieux qui vivent du prix de leurs
sueurs ne peuvent aller dans les sections. Décrétez
donc deux grandes assemblées de sections par
semaine, que l'homme du peuple qui assistera à
ces assemblées politiques ait une juste rétri-
bution pour le temps qu'elles enlèveront à son
travail.

Il est bon encore que nous annoncions à tous
nos ennemis que nous voulons être continuelle-

ment et complètement en mesure contre eux. Vous avez décrété 30 millions à la disposition du ministre de la Guerre pour des fabrications d'armes; décrétez que ces fabrications extraordinaires ne cesseront que quand la nation aura donné à chaque citoyen un fusil. Annonçons la ferme résolution d'avoir autant de fusils et presque autant de canons que de sans-culottes. Que ce soit la République qui mette le fusil dans la main du citoyen, du vrai patriote; qu'elle lui dise : « La patrie te confie cette arme pour sa défense; tu la représenteras tous les mois et quand tu en seras requis par l'autorité nationale. » Qu'un fusil soit la chose la plus sacrée parmi nous; qu'on perde plutôt la vie que son fusil. Je demande donc que vous décrétiez au moins cent millions pour faire des armes de toute nature; car si nous avions eu des armes nous aurions tous marché. C'est le besoin d'armes qui nous enchaîne. Jamais la patrie en danger ne manquera de citoyens.

Mais il reste à punir et l'ennemi intérieur que vous tenez, et celui que vous avez à saisir. Il faut que le tribunal révolutionnaire soit divisé en un assez grand nombre de sections pour que tous les jours un aristocrate, un scélérat paie de sa tête ses forfaits.

1° Je demande donc qu'on mette aux voix d'abord la proposition de Billaud;

2° Qu'on décrète également que les sections de Paris s'assembleront extraordinairement les dimanches et les jeudis, et que tout citoyen faisant partie de ces assemblées, qui voudra, attendu ses besoins, réclamer une indemnité, la recevra, à raison de 40 sols par assemblée.

3° Qu'il soit décrété par la Convention qu'elle met à la disposition du ministre de la Guerre 100 millions pour des fabrications d'armes, et notamment pour des fusils; que ces manufactures extraordinaires reçoivent tous les encouragements et les additions nécessaires, et qu'elles ne cessent leurs travaux que quand la France aura donné à chaque citoyen un fusil.

Je demande enfin qu'il soit fait un rapport sur le mode d'augmenter de plus en plus l'action du tribunal révolutionnaire. Que le peuple voie tomber ses ennemis, qu'il voie que la Convention s'occupe de ses besoins. Le peuple est grand, et il vous en donne en cet instant même une preuve remarquable : c'est que, quoi qu'il ait souffert de la disette factice machinée pour le mener à la contre-révolution, il a senti qu'il souffrait pour sa propre cause; et, sous le despotisme, il aurait exterminé tous les gouvernements.

Tel est le caractère du Français éclairé par quatre années de révolutions.

Hommage vous soit rendu, peuple sublime ! A la

grandeur vous joignez la persévérance ; vous voulez la liberté avec obstination ; vous jeûnez pour la liberté, vous devez l'acquérir. Nous marcherons avec vous, vos ennemis seront confondus, vous serez libres !

XXXIX

SUR LES SECOURS A ACCORDER AUX PRÊTRES SANS RESSOURCES

(22 *novembre* 1793)

Dans la séance de la Convention du 22 novembre fut discutée la question des secours à accorder aux prêtres réfractaires. Danton, avec une générosité égale à sa tolérance, proposa de secourir même ceux qui s'étaient montrés rebelles à la loi, et ce en raison même du véritable esprit révolutionnaire.

Sachez, citoyens, que vos ennemis ont mis à profit pour vous perdre jusqu'à la philosophie qui vous dirige; ils ont cru qu'en accueillant les prêtres que la raison porte à abandonner leur état, vous persécuteriez ceux qui sont aveuglés par le bandeau de l'erreur. Le peuple est aussi juste qu'éclairé. L'Assemblée ne veut salarier aucun culte, mais elle exècre la persécution et ne ferme point l'oreille aux cris de l'humanité. Citoyens, accordez des secours à tous les prêtres; mais que

17.

ceux qui sont encore dans l'âge de prendre un état
ne puissent prétendre aux secours de la nation après
s'être procuré les moyens de subsister. Si Pitt a
pensé que l'abolition du fanatisme serait un obsta-
cle à votre rentrée en Belgique par la persécution
que vous ferez éprouver aux prêtres, qu'il soit
détrompé, et qu'il apprenne à respecter une nation
généreuse qu'il n'a cessé de calomnier. Citoyens, il
faut concilier la politique avec la saine raison :
apprenez que si vous ôtez aux prêtres les moyens
de subsister, vous les réduisez à l'alternative, ou
de mourir de faim, ou de se réunir avec les rebelles
de la Vendée. Soyez persuadés que tout prêtre, ob-
servant le cours de la raison, se hâtera d'alléger le
fardeau de la République en devenant utile à lui-
même, et que ceux qui voudront encore secouer
les torches de la discorde seront arrêtés par le
peuple qui écrase tous ses ennemis sous le char
de la Révolution. Je demande l'économie du sang
des hommes ; je demande que la Convention soit
juste envers ceux qui ne sont pas signalés comme
les ennemis du peuple. Citoyens, n'y eût-il qu'un
seul prêtre qui, privé de son état, se trouve sans
ressources, vous lui devez de quoi vivre ; soyez
justes, politiques, grands comme le peuple : au
milieu de sa fureur vengeresse, il ne s'écarte jamais de la justice ; il la veut. Proclamez-la en son
nom, et vous recevrez ses applaudissements.

XL

CONTRE LES MASCARADES ANTIRELIGIEUSES

ET SUR LA CONSPIRATION DE L'ÉTRANGER

(26 *novembre* 1793)

Plusieurs des séances de la Convention avaient vu défiler à la barre des députations venant offrir les dépouilles des églises, et des ecclésiastiques venant déposer leurs lettres de prêtrise. Danton s'éleva avec force contre ces *mascarades antireligieuses*, et, rappelant les différents besoins et désirs du peuple, demanda plus d'activité dans les mesures révolutionnaires et la lecture du rapport sur la conspiration de l'étranger ourdie par le baron Jean de Batz.

Il y a un décret qui porte que les prêtres qui abdiqueront iront porter leur renonciation au comité. Je demande l'exécution de ce décret, car je ne doute pas qu'ils ne viennent successivement abjurer l'imposture. Il ne faut pas tant s'extasier sur la démarche d'hommes qui ne font que suivre le torrent. Nous ne voulons nous engouer pour

personné. Si nous n'avons pas honoré le prêtre de
l'erreur et du fanatisme, nous ne voulons pas non
plus honorer le prêtre de l'incrédulité : nous voulons servir le peuple. Je demande qu'il n'y ait plus
de mascarades antireligieuses dans le sein de la
Convention. Que les individus qui voudront déposer sur l'autel de la patrie les dépouilles de
l'Église ne s'en fassent plus un jeu ni un trophée.
Notre mission n'est pas de recevoir sans cesse des
députations qui répètent toujours les mêmes mots.
Il est un terme à tout, même aux félicitations. Je
demande qu'on pose la barrière.

Il faut que les comités préparent un rapport sur
ce qu'on appelle une conspiration de l'étranger. Il
faut nous préparer à donner du ton et de l'énergie
au gouvernement. Le peuple veut, et il a raison,
que la terreur soit à l'ordre du jour. Mais il veut
que la terreur soit reportée à son vrai but, c'est-
à-dire contre les aristocrates, contre les égoïstes,
contre les conspirateurs, contre les traîtres amis de
l'étranger. Le peuple ne veut pas que celui qui n'a
pas reçu de la nature une grande force d'énergie,
mais qui sert la patrie de tous ses moyens, quelque
faibles qu'ils soient, non, le peuple ne veut pas
qu'il tremble.

Un tyran, après avoir terrassé la Ligue, disait à
un des chefs qu'il avait vaincus, en le faisant

suer [1] : « Je ne veux pas d'autre vengeance de vous. »
Le temps n'est pas venu où le peuple pourra se
montrer clément. Le temps de l'inflexibilité et des
vengeances nationales n'est point passé ; il faut un
nerf puissant, un nerf terrible au peuple. Ce nerf
est le sien propre, puisque, d'un souffle, il peut
créer et détruire ses magistrats, ses représentants.
Nous ne sommes, sous le rapport politique, qu'une
commission nationale que le peuple encourage par
ses applaudissements.

Le peuple veut, après avoir fondé la République,
que nous essayions tous les moyens qui pourront
donner plus de force et d'action au gouvernement
républicain.

Que chacun de vous médite donc tous les jours
ces grands objets. Il faut que le Comité de salut public se dégage de beaucoup de détails, pour se livrer
tout entier à ces importantes méditations. Donnons
enfin des résultats au peuple. Depuis longtemps
c'est le peuple qui fait toutes les grandes choses.
Certes, il est beau que ses représentants s'humilient
devant sa puissance souveraine. Mais il serait plus
beau qu'ils s'associassent à sa gloire, qu'ils pré-
vinssent et dirigeassent ses mouvements im-
mortels.

Je demande que le Comité de salut public, réuni

1. Et non « tuer » comme Vermorel, p. 230, l'imprime.

à celui de sûreté générale, fasse un prompt rapport sur la conspiration dénoncée, et sur les moyens de donner une action grande et forte au gouvernement provisoire.

Fayau étant intervenu pour observer que, Danton ayant parlé de clémence, le moment était peut-être mal choisi pour montrer de l'indulgence envers les ennemis de la patrie, Danton répondit :

Je demande à relever un fait. Il est faux que j'aie dit qu'il fallait que le peuple se portât à l'indulgence ; j'ai dit au contraire que le temps de l'inflexibilité et des vengeances nationales n'était point passé. Je veux que la terreur soit à l'ordre du jour ; je veux des peines plus fortes, des châtiments plus effrayants contre les ennemis de la liberté, mais je veux qu'ils ne portent que sur eux seuls.

Une nouvelle observation de Fayau reprocha à Danton d'avoir parlé du gouvernement républicain comme d'un essai. Danton conclut : .

Je ne conçois pas qu'on puisse ainsi dénaturer mes idées. Il est encore faux que j'aie parlé d'un essai de gouvernement républicain. Et moi aussi, je suis républicain, républicain impérissable. La Constitution est décrétée et acceptée. Je n'ai parlé que du gouvernement provisoire ; j'ai voulu tourner l'attention de mes collègues vers les lois de détail nécessaires pour parvenir à l'exécution de cette Constitution républicaine.

XLI

SUR L'INSTRUCTION PUBLIQUE

(26 *novembre* 1793)

A plusieurs reprises Danton revint sur la question de
l'instruction publique. Dans cette même séance de la
Convention il demanda l'institution de fêtes publiques
et nationales, notamment à l'Être suprême, idée que
Robespierre devait faire sienne quelques mois plus
tard.

Dans ce moment où la superstition succombe
pour faire place à la raison, vous devez donner une
centralité à l'instruction publique, comme vous en
avez donné une au gouvernement. Sans doute vous
disséminerez dans les départements des maisons
où la jeunesse sera instruite dans les grands principes de la raison et de la liberté ; mais le peuple
entier doit célébrer les grandes actions qui auront
honoré notre révolution. Il faut qu'il se réunisse
dans un vaste temple, et je demande que les
artistes les plus distingués concourent pour l'élé-

vation de cet édifice, où, à un jour indiqué, seront
célébrés des jeux nationaux. Si la Grèce eut ses
jeux olympiques, la France solennisera aussi ses
jours sans-culottides. Le peuple aura des fêtes dans
lesquelles il offrira l'encens à l'Être suprême, au
maître de la nature ; car nous n'avons pas voulu
anéantir le règne de la superstition, pour établir le
règne de l'athéisme.

Citoyens, que le berceau de la liberté soit encore
le centre des fêtes nationales. Je demande que la
Convention consacre le Champ-de-Mars aux jeux
nationaux, qu'elle ordonne d'y élever un temple
où les Français puissent se réunir en grand nombre.
Cette réunion alimentera l'amour sacré de la
liberté, et augmentera les ressorts de l'énergie
nationale ; c'est par de tels établissements que
nous vaincrons l'univers. Des enfants vous demandent d'organiser l'instruction publique ; c'est le
pain de la raison, vous le leur devez ; c'est la
raison, ce sont les lumières qui font la guerre aux
vices. Notre révolution est fondée sur la justice,
elle doit être consolidée par les lumières. Donnons
des armes à ceux qui peuvent les porter, de l'instruction à la jeunesse, et des fêtes nationales au
peuple.

XLII

SUR LES ARRÊTÉS DES REPRÉSENTANTS
EN MISSION
EN MATIÈRE FINANCIÈRE

(1er décembre 1793)

Dans la séance du 1er décembre, la Convention décréta sur certains arrêtés rigoureux pris en matière financière, soit sur l'or, soit sur les assignats, par des représentants en mission. Danton s'éleva contre l'arbitraire possible de pareilles manœuvres.

Cambon nous a fait une déclaration solennelle et qu'il faut répéter ; c'est que nous avons au trésor public de l'or, de quoi acquérir du pain et des armes, autant que le commerce neutre pourra nous en fournir. D'après cela, nous ne devons rien faire précipitamment en matière de finances. C'est toujours avec circonspection que nous devons toucher à ce qui a sauvé la République. Quelque intérêt qu'eussent tous nos ennemis à faire tomber l'assi-

gnat, il est resté, parce que sa valeur a pour base
le sol entier de la République. Nous pourrons
examiner à loisir, et méditer mûrement la théorie
du comité. J'en ai raisonné avec Cambon. Je lui ai
développé des inconvénients graves dont il est
convenu avec moi. N'oublions jamais qu'en pareille
matière des résultats faux compromettraient la
liberté.

Cambon nous a apporté des faits. Des représentants du peuple ont rendu des lois de mort pour
l'argent. Nous ne saurions nous montrer assez
sévères sur de pareilles mesures, et surtout à l'égard
de nos collègues. Maintenant que le fédéralisme
est brisé, les mesures révolutionnaires doivent être
une conséquence nécessaire de nos lois positives.
La Convention a senti l'utilité d'un supplément de
mesures révolutionnaires ; elle l'a décrété : dès ce
moment, tout homme qui se fait ultra-révolution-
naire donnera des résultats aussi dangereux que
pourrait le faire le contre-révolutionnaire décidé.
Je dis donc que nous devons manifester la plus
vive indignation pour tout ce qui excédera les
bornes que je viens d'établir.

Déclarons que nul n'aura le droit de faire arbi-
trairement la loi à un citoyen ; défendons contre
toute atteinte ce principe : que la loi n'émane que
de la Convention, qui seule a reçu du peuple la
faculté législative ; rappelons ceux de nos commis-

saires qui, avec de bonnes intentions sans doute, ont pris les mesures qu'on nous a rapportées, et que nul représentant du peuple ne prenne désormais d'arrêté qu'en concordance avec nos décrets révolutionnaires, avec les principes de la liberté, et d'après les instructions qui lui seront transmises par le Comité de salut public. Rappelons-nous que si c'est avec la pique que l'on renverse, c'est avec le compas de la raison et du génie qu'on peut élever et consolider l'édifice de la société. Le peuple nous félicite chaque jour sur nos travaux ; il nous a signifié de rester à notre poste : c'est parce que nous avons fait notre devoir. Rendons-nous de plus en plus dignes de la confiance dont il s'empresse de nous investir ; faisons seuls la loi et que nul ne nous la donne. J'insiste sur le rappel et l'improbation des commissaires qui ont pris l'arrêté qui vous a été dénoncé.

Enfin je demande que le Comité de salut public soit chargé de notifier à tous les représentants du peuple qui sont en commission, qu'ils ne pourront prendre aucune mesure qu'en conséquence de vos lois révolutionnaires et des instructions qui leur seront données.

Fayau, ayant parlé en faveur des mesures révolutionnaires extrêmes nécessitées dans certains départements, fit observer que le Comité de salut public en pouvait juger, puisque les représentants en mission lui communiquaient leurs arrêtés dans les vingt-quatre heures. Danton répondit, et, quoique admettant les motifs de Fayau, il en contesta l'urgence tout en demandant une application rigoureuse des mesures révolutionnaires :

Je suis d'accord sur l'action prolongée et nécessaire du mouvement et de la force révolutionnaires. Le Comité de salut public examinera celles qui seront nécessaires et utiles ; et s'il est utile d'ordonner la remise de l'or et de l'argent, sous peine de mort, nous le ratifierons, et le peuple le ratifiera avec nous ; mais le principe que j'ai posé n'en est pas moins constant : c'est au Comité de salut public à diriger les mesures révolutionnaires sans les resserrer ; ainsi tout commissaire peut arrêter les individus, les imposer même, telle est mon intention. Non seulement je ne demande point le ralentissement des mesures révolutionnaires, mais je me propose d'en présenter qui frapperont et plus fort et plus juste ; car, dans la République, il y a un tas d'intrigants et de conspirateurs véritables qui ont échappé au bras national, qui en a atteint de moins coupables qu'eux. Oui, nous voulons marcher révolutionnairement, dût le sol de la République s'anéantir ; mais, après avoir donné tout à la vigueur, donnons beaucoup à la sagesse ; c'est de la constitution de ces deux éléments que nous recueillerons les moyens de sauver la patrie.

Dans cette même séance, un citoyen venu à la barre commença la lecture d'une apologie rimée de Jean-Paul Marat, que Danton interrompit avec véhémence :

Et moi aussi j'ai défendu Marat contre ses ennemis, et moi aussi j'ai apprécié les vertus de ce républicain; mais, après avoir fait son apothéose patriotique, il est inutile d'entendre tous les jours son éloge funèbre et des discours ampoulés sur le même sujet; il vous faut des travaux et non pas des discours. Je demande que le pétitionnaire dise clairement et sans emphase l'objet de sa pétition.

XLIII

DÉFENSE AUX JACOBINS

(3 *décembre* 1793)

A la séance des Jacobins du 3 décembre, un membre
ayant demandé que la Convention fût invitée à fournir
des locaux aux sociétés populaires n'en possédant point
encore fut combattu par Danton. Coupé (de l'Oise)
accusa Danton de modérantisme et lui fit le reproche
de vouloir paralyser la Révolution. L'accusé improvisa
aussitôt sa défense :

Coupé a voulu empoisonner mon opinion.
Certes, jamais je n'ai prétendu proposer de rompre
le nerf révolutionnaire, puisque j'ai dit que la
Constitution devait dormir pendant que le peuple
était occupé à frapper ses ennemis. Les principes
que j'ai énoncés portent sur l'indépendance des
sociétés populaires de toute espèce d'autorité. C'est
d'après ce motif que j'ai soutenu que les sociétés
populaires ne devaient avoir recours à personne
pour solliciter des localités (*sic*). J'ai entendu des

rumeurs. Déjà des dénonciations graves ont été dirigées contre moi ; je demande enfin à me justifier aux yeux du peuple, auquel il ne sera pas difficile de faire reconnaître mon innocence et mon amour pour la liberté. Je somme tous ceux qui ont pu concevoir contre moi des motifs de défiance, de préciser leurs accusations, car je veux y répondre en public. J'ai éprouvé une forte défaveur en paraissant à la tribune. Ai-je donc perdu ces traits qui caractérisent la figure d'un homme libre ? Ne suis-je plus ce même homme qui s'est trouvé à vos côtés dans les moments de crise ? Ne suis-je pas celui que vous avez souvent embrassé comme votre ami, et qui doit mourir avec vous ? Ne suis-pas l'homme qui a été accablé de persécution ? J'ai été un des plus intrépides défenseurs de Marat. J'évoquerai l'ombre de l'Ami du peuple pour ma justification. Vous serez étonné, quand je vous ferai connaître ma conduite privée, de voir que la fortune colossale que mes ennemis et les vôtres m'ont prêtée se réduit à la petite portion de biens que j'ai toujours eue. Je défie les malveillants de fournir contre moi la preuve d'aucun crime. Tous leurs efforts ne pourront m'ébranler. Je veux rester debout avec le peuple. Vous me jugerez en sa présence. Je ne déchirerai pas plus la page de mon histoire que vous ne déchirerez la vôtre, qui doivent immortaliser les fastes de la liberté.

Le *Moniteur* ne donne pas la suite du discours de Danton, et la résume en ces mots : « L'orateur, après plusieurs morceaux violents prononcés avec une abondance qui n'a pas permis d'en recueillir tous les traits, termine par demander qu'il soit nommé une commission de douze membres chargés d'examiner les accusations dirigées contre lui, afin qu'il puisse y répondre en présence du peuple. » Robespierre monta ensuite à la tribune pour justifier Danton qui, à la fin de la séance, reçut l'accolade fraternelle, « au milieu des applaudissements les plus flatteurs ».

XLIV

SUR LES MESURES A PRENDRE
CONTRE LES SUSPECTS

(7 *décembre* 1793)

Sur la proposition de Couthon, la Convention décréta,
le 7 décembre, que les comités révolutionnaires prenant des mesures de sûreté contre les suspects non
compris dans la loi du 17 septembre 1793 motiveraient
ces mesures sur un registre particulier. Danton y
ajouta une proposition qui fut adoptée.

Il faut nous convaincre d'une vérité politique,
c'est que, parmi les personnes arrêtées, il en est de
trois classes, les unes qui méritent la mort, un
grand nombre dont la République doit s'assurer,
et quelques-unes sans doute qu'on peut relaxer
sans danger pour elle. Mais il vaudrait mieux, au
lieu d'affaiblir le ressort révolutionnaire, lui donner
plus de nerf et de vigueur. Avant que nous en
venions à des mesures combinées, je demande un

décret révolutionnaire que je crois instant. J'ai eu, pendant ma convalescence, la preuve que des aristocrates, des nobles extrêmement riches, qui ont leurs fils chez l'étranger, se trouvent seulement arrêtés comme suspects, et jouissent d'une fortune qu'il est juste de faire servir à la défense de la liberté qu'ils ont compromise. Je demande que vous décrétiez que tout individu qui a des fils émigrés, et qui ne prouvera pas qu'il a été ardent patriote, et qu'il a fait tout au monde pour empêcher leur émigration, ne soit plus que pensionnaire de l'État, et que tous ses biens soient acquis à la République

XLV

SUR L'INSTRUCTION PUBLIQUE

(12 *décembre* 1793)

Ces observations de Danton, dans la séance du
12 décembre, complètent les précédents discours sur
l'instruction publique.

Il est temps de rétablir ce grand principe qu'on
semble méconnaître : que les enfants appartiennent
à la République avant d'appartenir à leurs parents.
Personne plus que moi ne respecte la nature. Mais
l'intérêt social exige que là seulement doivent se
réunir les affections. Qui me répondra que les
enfants, travaillés par l'égoïsme des pères, ne deviennent dangereux pour la République ? Nous
avons assez fait pour les affections, nous devons
dire aux parents : nous ne vous arrachons pas vos
enfants ; mais vous ne pouvez les soustraire à l'influence nationale.

Et que doit donc nous importer la raison d'un

individu devant la raison nationale? Qui de nous
ignore les dangers que peut produire cet isolement
perpétuel? C'est dans les écoles nationales que
l'enfant doit sucer le lait républicair. La République est une et indivisible. L'instruction publique
doit aussi se rapporter à ce centre d'unité. A qui
d'ailleurs accorderions-nous cette faculté de s'isoler?
C'est au riche seul. Et que dira le pauvre, contre
lequel peut-être on élèvera des serpents? J'appuie
donc l'amendement proposé.

ANNÉE 1794

XLVI

SUR L'ÉGALITÉ DES CITOYENS
DEVANT LES MESURES RÉVOLUTIONNAIRES

(23 *janvier* 1794)

Les commissaires de la section Mucius Scævola
avaient fait une perquisition chez M. Duplessis, beau-
père de Camille Desmoulins. Ils étaient partis en em-
portant une partie de sa bibliothèque. Camille vint
réclamer à la Convention contre cet acte d'arbitraire.
Danton, malgré son amitié, s'éleva contre lui au nom
de l'égalité de tous les citoyens, membres de la Convention ou non, devant les mesures de salut public.

Je m'oppose à l'espèce de distinction, de privilège, qui semblerait accordé au beau-père de Desmoulins. Je veux que la Convention ne s'occupe
que d'affaires générales. Si l'on veut un rapport

pour ce citoyen, il en faut aussi pour tous les
autres. Je m'élève contre la priorité de date qu'on
cherche à lui donner à leur préjudice. Il s'agit
d'ailleurs de savoir si le Comité de sûreté générale
n'est pas tellement surchargé d'affaires qu'il trouve
à peine le temps de s'occuper de réclamations particulières.

Une révolution ne peut se faire géométrique-
ment. Les bons citoyens qui souffrent pour la
liberté doivent se consoler par ce grand et sublime motif. Personne n'a plus que moi demandé
les comités révolutionnaires; c'est sur ma proposition qu'ils ont été établis. Vous avez voulu créer
une espèce de dictature patriotique des citoyens les
plus dévoués à la liberté, sur ceux qui se sont
rendus suspects. Ils ont été élevés dans un moment
où le fédéralisme prédominait. Il a fallu, il faut
encore les maintenir dans toute leur force; mais
prenons garde aux deux écueils contre lesquels
nous pourrions nous briser. Si nous faisions trop
pour la justice, nous donnerions peut-être dans le
modérantisme, et prêterions des armes à nos
ennemis. Il faut que la justice soit rendue de manière à ne point atténuer la sévérité de nos mesures.

Lorsqu'une révolution marche vers son terme
quoiqu'elle ne soit pas encore consolidée, lorsque
la République obtient des triomphes, que ses

ennemis sont battus, il se trouve une foule de
patriotes tardifs et de fraîche date; il s'élève des
luttes de passions, des préventions, des haines particulières, et souvent les vrais, les constants patriotes sont écrasés par ces nouveaux venus. Mais
enfin, là où les résultats sont pour la liberté par
des mesures générales, gardons-nous de les accuser.
Il vaudrait mieux outrer la liberté et la Révolution,
que de donner à nos ennemis la moindre espérance
de rétroaction. N'est-elle pas bien puissante, cette
nation? N'a-t-elle pas le droit comme la force
d'ajouter à ses mesures contre les aristocrates, et
de dissiper les erreurs élevées contre les ennemis
de la patrie? Au moment où la Convention peut,
sans inconvénient pour la chose publique, faire
justice à un citoyen, elle violerait ses droits, si elle
ne s'empressait de le faire.

La réclamation de mon collègue est juste en
elle-même, mais elle ferait naître un décret indigne
de nous. Si nous devions accorder une priorité,
elle appartiendrait aux citoyens qui ne trouvent
pas, dans leur fortune et dans leurs connaissances
avec des membres de la Convention, des espérances
et des ressources au milieu de leur malheur; ce
serait aux malheureux, aux nécessiteux, qu'il faudrait d'abord tendre les mains. Je demande que la
Convention médite les moyens de rendre justice à
toutes les victimes des mesures et arrestations

19.

arbitraires, sans nuire à l'action du gouvernement
révolutionnaire. Je me garderai bien d'en prescrire
ici les moyens. Je demande le renvoi de cette
question à la méditation du Comité de sûreté générale, qui se concertera avec le Comité de salut
public; qu'il soit fait un rapport à la Convention,
et qu'il soit suivi d'une discussion large et approfondie; car toutes les discussions de la Convention
ont eu pour résultat le triomphe de la liberté.

La Convention n'a eu de succès que parce qu'elle
a été peuple; elle restera peuple; elle cherchera
et suivra sans cesse l'opinion qui doit décréter
toutes les lois que vous proclamez. En approfondis-
sant ces grandes questions, vous obtiendrez, je
l'espère, des résultats qui satisferont la justice et
l'humanité.

XLVII

POUR LE PÈRE DUCHESNE ET RONSIN

(2 *février* 1794)

Dans la nuit du 19 décembre 1793, Hébert et Ronsin avaient été arrêtés. Le Comité de sûreté générale proposa à la Convention, le 2 février, de décréter leur mise en liberté. Lecointre, Philippeaux et Bourdon (de l'Oise) s'opposèrent à cette mesure que Danton réclama en ce discours :

Ce devrait être un principe incontestable parmi les patriotes que, par provision, on ne traitât pas comme suspects des vétérans révolutionnaires qui, de l'aveu public, ont rendu des services constants à la liberté. Je sais que le caractère violent et impétueux de Vincent et de Ronsin a pu leur donner des torts particuliers vis-à-vis de tel ou tel individu ; mais, de même que dans toutes les grandes affaires, je conserverai l'inaltérabilité de mon opinion, et que j'accuserai mon meilleur ami si ma conscience me dit qu'il est coupable, de même je veux aujour-

d'hui défendre Ronsin et Vincent contre des préventions que je pourrais reprocher à quelques-uns
de mes collègues, et contre des faits énoncés postérieurement à l'arrestation de deux détenus, ou
bien antérieurement, mais alors peu soigneuse-
ment conservés dans les circonstances dont on les
a environnés. Car enfin, sur ces derniers, vous
venez d'entendre l'explication de Levasseur; quant
aux autres, quelles probabilités les accompagnent?
combien de signataires en attestent la vérité? qui
les garantit à celui qui a signé la dénonciation?
Lui-même est-il témoin et témoin oculaire? Si
aucun des signataires n'a été le témoin de ce qu'il
a avancé, s'il n'a que de simples soupçons, je
répète qu'il est très dangereux et très impolitique
d'assigner comme suspect un homme qui a rendu
de grands services à la révolution.

Je suppose que Ronsin et Vincent, s'abandon-
nant aussi à des préventions individuelles, vou-
lussent voir dans les erreurs où Philippeaux a pu
tomber, le plan formé d'une contre-révolution;
immuable, comme je le suis, je déclare que je
n'examinerais que les faits, et que je laisserais de
côté le caractère qu'on aurait voulu leur donner.

Ainsi donc, quand je considère que rien, en effet,
n'est parvenu au Comité de sûreté générale contre
Vincent et Ronsin, que, d'un autre côté, je vois
une dénonciation signée d'un seul individu, qui

peut être ne déclare qu'un ouï-dire, je rentre alors
dans mes fonctions de législateur ; je me rappelle le
principe que je posais tout à l'heure, qui est qu'il
faut être bien sûr des faits pour prêter des intentions contre-révolutionnaires à des amis ardents de
la liberté, ou pour donner à leurs erreurs un caractère de gravité qu'on ne supporterait pas pour
les siennes propres. Je dis alors qu'il faut être
aussi prompt à démêler les intentions évidentes
d'un aristocrate qu'à rechercher le véritable délit
d'un patriote ; je dis ce que je disais à Fabre lui-
même lorsqu'il arracha à la Convention le décret
d'arrestation contre Vincent et Ronsin : « vous pré-
tendez que la Convention a été grande lorsqu'elle a
rendu ce décret, et moi je soutiens qu'elle a eu seulement une bonne intention et qu'il la fallait bien
éclairer ».

Ainsi je défends Ronsin et Vincent contre des
préventions, de même que je défendrai Fabre et
mes autres collègues, tant qu'on n'aura pas porté
dans mon âme une conviction contraire à celle
que j'en ai. L'exubérance de chaleur qui nous a
mis à la hauteur des circonstances, et qui nous a
donné la force de déterminer les événements et de
les faire tourner au profit de la liberté, ne doit pas
devenir profitable aux ennemis de la liberté ! Mon
plus cruel ennemi, s'il avait été utile à la République, trouverait en moi un défenseur ardent

quand il serait arrêté, parce que je me défierais
d'autant plus de mes préventions qu'il aurait été
plus patriote.

Je crois Philippeaux profondément convaincu
de ce qu'il avance, sans que pour cela je partage
son opinion ; mais, ne voyant pas de danger pour
la liberté dans l'élargissement de deux citoyens qui,
comme lui et comme nous, veulent la République,
je suis convaincu qu'il ne s'y opposera pas ; qu'il
se contentera d'épier leur conduite et de saisir les
occasions de prouver ce qu'il avance ; à plus forte
raison la Convention, ne voyant pas de danger dans
la mesure que lui propose le Comité de sûreté
générale, doit se hâter de l'adopter.

Si, quand il fallait être électrisé autant qu'il
était possible pour opérer et maintenir la révolution ; si, quand il a fallu surpasser en chaleur et
en énergie tout ce que l'histoire rapporte de tous
les peuples de la terre ; si, alors, j'avais vu un seul
moment de douceur, même envers les patriotes,
j'aurais dit : notre énergie baisse, notre chaleur
diminue. Ici, je vois que la Convention a toujours
été ferme, inexorable envers ceux qui ont été
opposés à l'établissement de la liberté ; elle doit
être aujourd'hui bienveillante envers ceux qui
l'ont servie, et ne pas se départir de ce système
qu'elle ne soit convaincue qu'il blesse la justice.
Je crois qu'il importe à tous que l'avis du Comité

soit adopté ; préparez-vous à être plus que jamais impassibles envers vos vieux ennemis, difficiles à accuser vos anciens amis. Voilà, je déclare, ma profession de foi, et j'invite mes collègues à la faire dans leur cœur. Je jure de me dépouiller éternellement de toute passion, lorsque j'aurai à prononcer sur les opinions, sur les écrits, sur les actions de ceux qui ont servi la cause du peuple et de la liberté. J'ajoute qu'il ne faut pas oublier qu'un premier tort conduit toujours à un plus grand. Faisons d'avance cesser ce genre de division que nos ennemis, sans doute, cherchent à jeter au milieu de nous ; que l'acte de justice que vous allez faire soit un germe d'espérance jeté dans le cœur des citoyens qui, comme Vincent et Ronsin, ont souffert un instant pour la cause commune, et nous verrons naître pour la liberté des jours aussi brillants et aussi purs que vous lui en avez déjà donné de victorieux.

XLVIII

SUR L'ABOLITION DE L'ESCLAVAGE

(6 *février* 1794)

C'est en alliant l'humanité aux principes politiques
que Danton appuya, le 6 février, l'abolition de l'esclavage.

Il voyait dans cette mesure généreuse, digne du nouveau régime, un des moyens d'abattre l'Angleterre
ennemie. « C'est aujourd'hui que l'Anglais est mort »,
dit-il, persuadé que la liberté était le meilleur adver-
saire à opposer à la tyrannie.

Représentants du peuple français, jusqu'ici nous
n'avions décrété la liberté qu'en égoïstes et pour
nous seuls. Mais aujourd'hui nous proclamons à la
face de l'univers, et les générations futures trouveront leur gloire dans ce décret, nous proclamons
la liberté universelle. Hier, lorsque le président
donna le baiser fraternel aux députés de couleur,
je vis le moment où la Convention devait décréter
la liberté de nos frères. La séance était trop nombreuse. La Convention vient de faire son devoir.

Mais après avoir accordé le bienfait de la liberté,
il faut que nous en soyons pour ainsi dire les mo-
dérateurs. Renvoyons au Comité de salut public et
des colonies, pour combiner les moyens de rendre
ce décret utile à l'humanité, sans aucun danger
pour elle.

Nous avions déshonoré notre gloire en tronquant
nos travaux. Les grands principes développés par
le vertueux Las Cases avaient été méconnus. Nous
travaillons pour les générations futures, lançons la
liberté dans les colonies : c'est aujourd'hui que
l'Anglais est mort. En jetant la liberté dans le
Nouveau Monde, elle y portera des fruits abon-
dants, elle y poussera des racines profondes. En
vain Pitt et ses complices voudront par des considérations politiques écarter la jouissance de ce
bienfait, ils vont être entraînés dans le néant, la
France va reprendre le rang et l'influence que lui
assurent son énergie, son sol et sa population.
Nous jouirons nous-mêmes de notre générosité,
mais nous ne l'étendrons point au delà des bornes
de la sagesse. Nous abattrons les tyrans comme
nous avons écrasé les hommes perfides qui voulaient faire rétrograder la révolution. Ne perdons
point notre énergie, lançons nos frégates, soyons
sûrs des bénédictions de l'univers et de la postérité, et décrétons le renvoi des mesures à l'examen
du Comité.

20

XLIX

SUR LES FONCTIONNAIRES PUBLICS
SOUMIS A L'EXAMEN
DU COMITÉ DE SALUT PUBLIC

(9 mars 1794)

Bouchotte était accusé devant la Convention. Danton, intervenant aux débats, réclama l'examen de la conduite de tous les fonctionnaires publics. L'homme qui seize jours plus tard devait mourir jetait un suprême appel à la confiance en le Comité :

La représentation nationale, appuyée de la force du peuple, déjouera tous les complots. Celui qui devait, ces jours derniers, perdre la liberté est déjà presque en totalité anéanti. Le peuple et la Convention veulent que tous les coupables soient punis de mort. Mais la Convention doit prendre une marche digne d'elle. Prenez garde qu'en marchant par saccade, on ne confonde le vrai patriote avec ceux qui s'étaient couverts du masque du

patriotisme pour assassiner le peuple. Le décret
dont on vient de lire la rédaction n'est rien; il
s'agit de dire au Comité de salut public : examinez
le complot dans toutes ses ramifications; scrutez la
conduite de tous les fonctionnaires publics; voyez
si leur mollesse ou leur négligence a concouru,
même malgré eux, à favoriser les conspirateurs.
Un homme qui affectait l'empire de la guerre se
trouve au nombre des coupables. Eh bien, le ministre est, à mon opinion, dans le cas d'être accusé
de s'être au moins laissé paralyser. Le Comité de
salut public veille jour et nuit; que les membres
de la Convention s'unissent tous; que les révolutionnaires qui ont les premiers parlé de République, face à face, avec Lafayette, apportent ici
leur tête et leurs bras pour servir la patrie. Nous
sommes tous responsables au peuple de sa liberté.
Français, ne vous effrayez pas, la liberté doit
bouillonner jusqu'à ce que l'écume soit sortie.

Nos comités sont l'avant-garde politique; les
armées doivent vaincre quand l'avant-garde est en
surveillance. Jamais la République ne fut, à mon
sens, plus grande. Voici le nouveau temps marqué
pour cette sublime révolution. Il fallait vaincre
ceux qui singeaient le patriotisme pour tuer la
liberté; nous les avons vaincus.

Je demande que le Comité de salut public se
concerte avec celui de sûreté générale pour exami-

ner la conduite de tous les fonctionnaires. Il faut que chacun de nous se prononce. J'ai demandé le premier le gouvernement révolutionnaire. On rejeta d'abord mon idée, on l'a adoptée ensuite ; ce gouvernement révolutionnaire a sauvé la République ; ce gouvernement, c'est vous. Union, vigilance, méditation, parmi les membres de la Convention.

L

SUR LA DIGNITÉ DE LA CONVENTION

(19 *mars* 1794)

Dans cette même séance de la Convention, Pache vint, avec le conseil général, protester de son dévouement au gouvernement. Ruhl, qui présidait, lui reprocha de venir « un peu tard faire cette protestation ». L'inscription de cette réponse au procès-verbal ayant été demandée par quelques membres, Danton protesta au nom de la dignité de la Convention nationale. Ce fut son dernier discours.

Je demande la parole sur cette proposition. La représentation nationale doit toujours avoir une marche digne d'elle. Elle ne doit pas avilir un corps entier, et frapper d'une prévention collective une administration collective, parce que quelques individus de ce corps peuvent être coupables. Si nous ne réglons pas nos mouvements, nous pouvons confondre des patriotes énergiques avec des scélé-

rats qui n'avaient que le masque de patriotisme.
Je suis convaincu que la grande majorité du conseil
général de la Commune de Paris est digne de toute
la confiance du peuple et de ses représentants;
qu'elle est composée d'excellents patriotes, d'ardents révolutionnaires.

J'aime à saisir cette occasion pour lui faire individuellement hommage de mon estime. Le conseil
général est venu déclarer qu'il fait cause commune
avec vous. Le président de la Convention a senti
vivement sa dignité; la réponse qu'il a faite est,
par le sens qu'elle renferme et par l'intention dans
laquelle elle est rédigée, digne de la majesté du
peuple que nous représentons. L'accent patriarcal
et le ton solennel dont il l'a prononcée, donnaient
à ces paroles un caractère plus auguste encore.
Cependant ne devons-nous pas craindre, dans ce
moment, que les malveillants n'abusent des
expressions de Ruhl, dont l'intention ne nous
est point suspecte, et qui ne veut sûrement pas que
des citoyens qui viennent se mettre dans les rangs,
sous les drapeaux du peuple et de la liberté, rem-
portent de notre sein la moindre amertume? Au
nom de la patrie, ne laissons pas aucune prise à la
dissension. Si jamais, quand nous serons vainqueurs, et déjà la victoire nous est assurée, si
jamais des passions particulières pouvaient préva-
loir sur l'amour de la patrie, si elles tentaient de

creuser un nouvel abîme pour la liberté, je voudrais m'y précipiter tout le premier. Mais loin de nous tout ressentiment...

Le temps est venu où l'on ne jugera plus que les actions. Les masques tombent, les masques ne séduiront plus. On ne confondra plus ceux qui veulent égorger les patriotes avec les véritables magistrats du peuple, qui sont peuple eux-mêmes. N'y eût-il parmi tous les magistrats qu'un seul homme qui eût fait son devoir, il faudrait tout souffrir plutôt que de lui faire boire le calice d'amertume ; mais ici on ne doute pas du patriotisme de la plus grande majorité de la Commune. Le président lui a fait une réponse où règne une sévère justice ; mais elle peut être mal interprétée. Épargnons à la Commune la douleur de croire qu'elle a été censurée avec aigreur.

LE PRÉSIDENT. — Je vais répondre à la tribune ; viens, mon cher collègue, occupe toi-même le fauteuil.

DANTON. — Président, ne demande pas que je monte au fauteuil, tu l'occupes dignement. Ma pensée est pure ; si mes expressions l'ont mal rendue, pardonne-moi une inconséquence involontaire ; je te pardonnerais moi-même une pareille erreur. Vois en moi un frère qui a exprimé librement son opinion.

Ruhl descend de la tribune et se jette dans les bras de Danton. Cette scène excite le plus vif enthousiasme dans l'Assemblée.

MÉMOIRE

ÉCRIT EN MIL HUIT CENT QUARANTE-SIX

PAR

LES DEUX FILS DE DANTON, LE CONVENTIONNEL,

POUR DÉTRUIRE

LES ACCUSATIONS DE VÉNALITÉ CONTRE LEUR PÈRE

MÉMOIRE DES FILS DE DANTON

MÉMOIRE DES FILS DE DANTON

Rien au monde ne nous est plus cher que la mémoire de notre père. Elle a été, elle est encore tous les jours calomniée, outragée d'une manière affreuse; aussi notre désir 'o plus ardent a-t-il toujours été de voir l'histoire lui rendre justice.

Georges-Jacques Danton, notre père, se maria deux fois. Il épousa d'abord, en juin 1787, Antoinette-Gabrielle Charpentier, qui mourut le 10 février 1793. Dans le cours de la même année 1793, nous ne pourrions pas indiquer l'époque précise, il épousa en secondes noces Mlle Sophie Gély, qui vivait encore il y a deux ans (nous ne savons pas si elle est morte depuis). Notre père, en mourant, ne laissa que deux fils issus de son premier mariage. Nous sommes nés, l'un le 18 juin 1790, et l'autre le 17 février 1792. Notre père mourut le 5 avril 1794; nous n'avons donc pas pu avoir le bonheur de recevoir ses enseignements, ses confidences, d'être initiés à ses pensées, à ses projets. Au moment de sa mort, tout chez lui a été saisi, confisqué, et plus tard aucun de ses papiers, à l'exception de ses titres de propriété, ne nous a été rendu. Nous avons été élevés par M. François-Jérôme Charpentier, notre grand-père maternel et notre tuteur. Il ne parlait jamais sans attendrissement de Danton, son gendre. M. Charpentier, qui habitait Paris, y mourut en 1804, à une époque où, sans doute, il nous trouvait encore trop jeunes pour que nous puissions bien apprécier ce qu'il aurait pu nous raconter de la vie politique de notre père, car il s'abstint de nous en parler. Du reste, il avait environ quatre-vingts ans quand il mourut, et, dans ses dernières années, son esprit paraissait beaucoup plus occupé de son avenir dans un autre monde que de ce qui s'était passé dans celui-ci. Après la mort de notre grand-père Charpentier, M. Victor Charpentier, son fils, fut nommé notre tuteur. Il mourut en 1810. Quoiqu'il habitât Paris, nous revînmes en 1805 à Arcis, pour ne plus le quitter. La fin de notre enfance et le commencement de notre jeunesse s'y écoulèrent auprès de la mère de notre père. Elle était affaiblie par l'âge, les infirmités et les chagrins. C'était toujours les

yeux remplis de larmes qu'elle nous entretenait
de son fils, des innombrables témoignages d'affection qu'il lui avait donnés, des tendres caresses
dont il l'accablait. Elle fit de fréquents voyages à
Paris; il aimait tant à la voir à ses côtés! Il avait
en elle une confiance entière; elle en était digne,
et, s'il eût eu des secrets, elle les eût connus, et
nous les eussions connus par elle. Très souvent,
elle nous parlait de la Révolution; mais, en embrasser tout l'ensemble d'un seul coup d'œil, en
apprécier les causes, en suivre la marche, en juger
les hommes et les événements, en distinguer tous
les partis, deviner leur but, démêler les fils qui
les faisaient agir, tout cela n'était pas chose facile,
on en conviendra : aussi, quoique la mère de
Danton eût beaucoup d'intelligence et d'esprit, on
ne sera pas surpris que, d'après ses récits, nous
n'ayons jamais connu la Révolution que d'une
manière extrêmement confuse.

Jusqu'ici nous n'avons parlé que des choses qui
se rapportent à nous; cela, de notre part, peut
paraître ridicule, mais cesse véritablement de
l'être quand on considère qu'il nous a fallu entrer
dans ces explications pour faire comprendre comment il se fait que nous, enfants de Danton, nous
ne puissions pas donner le moindre éclaircisse-
ment sur aucun des grands événements dans lesquels il a figuré. Sa mère, d'accord avec tous ceux

qui nous ont si souvent parlé de lui pour l'avoir
connu, et que notre position sociale ne fera, certes,
pas suspecter de flatterie, sa mère nous l'a toujours
dépeint comme le plus honnête homme que l'on
puisse rencontrer, comme l'homme le plus aimant,
le plus franc, le plus loyal, le plus désintéressé, le
plus généreux, le plus dévoué à ses parents, à ses
amis, à son pays natal et à sa patrie. Quoi d'étonnant, nous dira-t-on? Dans la bouche d'une mère,
que prouve un pareil éloge? Rien, sinon qu'elle
adorait son fils. On ajoutera : Est-ce que, pour
juger un homme, la postérité devra s'en rapporter
aux déclarations de la mère et des fils de cet
homme? Non, sans doute, elle ne le devra pas,
nous en convenons. Mais aussi, pour juger ce
même homme, devra-t-elle s'en rapporter aux
déclarations de ses ennemis? Elle ne le devra pas
davantage. Et pourtant, que ferait-elle, si, pour
juger Danton, elle ne consultait que les *Mémoires*
de ceux qu'il a toujours combattus?

Justifier la vie politique de notre père, défendre
sa mémoire, c'est pour nous un devoir sacré. Pourquoi ne l'avons-nous pas rempli? C'est parce que
nous n'avons eu en notre possession aucun document, absolument aucun, et que nous ne pourrions
mettre en avant que des allégations sans preuves
écrites; mais nous allons réfuter une accusation
excessivement grave qui se rattache à sa vie

privée. Nous croyons qu'il nous sera facile de le faire victorieusement, car nos principaux arguments auront pour base des actes authentiques.

, Voici cette accusation. On a reproché à Danton d'avoir exploité la Révolution pour amasser scandaleusement une fortune énorme. Nous allons prouver d'une manière incontestable, que c'est à très grand tort qu'on lui a adressé ce reproche. Pour atteindre ce but, nous allons comparer l'état de sa fortune au commencement de la Révolution avec l'état de sa fortune au moment de sa mort.

Au moment où la Révolution éclata, notre père était avocat aux conseils du roi. C'est un fait dont il n'est pas nécessaire de fournir la preuve : ses ennemis eux-mêmes ne le contestent pas. Nous ne pouvons pas établir d'une manière précise et certaine ce qu'il possédait à cette époque. Cependant nous disons que, s'il ne possédait rien autre chose (ce qui n'est pas prouvé), *il possédait au moins sa charge*, et voici sur ce point notre raisonnement :

1° Quelques notes qui sont en notre possession nous prouvent que Jacques Danton, notre grand-père, décédé à Arcis, le 24 février 1762, laissa des immeubles sur le finage de Plancy et sur celui d'Arcis ; il est donc présumable que notre père, né le 26 octobre 1759, et par conséquent resté mineur en très bas âge, a dû posséder un patrimoine quelconque, si modique qu'on veuille le supposer.

2° Si, avant la Révolution, on pouvait être reçu avocat quand on avait vingt et un ans accomplis (ce que nous ignorons), notre père aura pu être avocat vers 1780 ; en admettant qu'il fallût avoir vingt-cinq ans, il aura pu être avocat vers la fin de 1784, Il devint ensuite avocat aux conseils du roi en 1787 ; il était donc possible que, avant 1789, il eût déjà fait quelques bénéfices, tant comme avocat au Parlement, que comme avocat aux conseils, et que, sur ces bénéfices, il eût fait quelques économies.

3° Il y a lieu de penser qu'en épousant notre mère, il reçut une dot quelconque. Eh bien, nous avons toujours cru qu'il paya sa charge aux conseils du roi, tant avec cette dot qu'avec le peu d'économies qu'il pouvait avoir faites sur ce qu'il avait pu gagner d'abord comme avocat au Parlement, ensuite comme avocat aux conseils, et qu'avec le peu de patrimoine qu'il devait posséder. Vous faites une supposition, nous dira-t-on? C'est vrai, c'est une supposition, puisque nous n'apportons pas les preuves de ce que nous venons d'avancer ; mais si ses ennemis ne veulent pas admettre avec nous que notre supposition soit une réalité, il faudra que, de leur côté, ils supposent que notre père n'avait pas le moindre patrimoine, qu'il

n'avait fait aucun bénéfice, tant en qualité d'avocat
au Parlement qu'en qualité d'avocat aux conseils ;
que, s'il avait fait des bénéfices il n'avait pas fait
d'économies ; enfin qu'ils supposent que sa femme
en l'épousant ne lui a pas apporté de dot. A moins
qu'ils ne prouvent tout cela, ils feront aussi une
supposition. Or, nous le demandons à toutes les
personnes qui sont de bonne foi et sans prévention,
notre supposition est-elle plus vraisemblable que
celle des ennemis de notre père ? Oui, sans doute.
Nous l'admettons donc comme un fait prouvé, et
nous disons : Danton n'était pas riche au commen--
cement de la Révolution, mais, s'il ne possédait rien
autre chose (ce qui n'est pas prouvé), *il possédait
au moins sa charge* d'avocat aux conseils du roi.
Maintenant Danton est-il riche au moment de sa
mort ? c'est ce que nous allons examiner.

Nous allons établir que ce qu'il possédait au
moment de sa mort n'était que l'équivalent à peu
près de sa charge d'avocat aux conseils. Nous
n'avons jamais su s'il a été fait des actes de partage
de son patrimoine et de celui de ses femmes, ni si,
au moment de la confiscation de ses biens, il en a
été dressé inventaire, mais nous savons très bien
et très exactement ce que nous avons recueilli de
sa succession, et nous allons le dire, sans rester
dans le vague sur aucun point, car c'est ici que,

comme nous l'avons annoncé, nos arguments vont être basés sur des actes authentiques.

Nous ferons observer que l'état que nous allons donner comprend sans distinction ce qui vient de notre père et de notre mère.

Une loi de février 1791 ordonna que le prix des charges et offices supprimés serait remboursé par l'État aux titulaires. La charge que Danton possédait était de ce nombre. Nous n'avons jamais su, pas même approximativement, combien elle lui avait coûté. Il en reçut le remboursement sans doute, car précisément vers cette époque, il commença à acheter des immeubles dont voici le détail :

Le 24 mars 1791, il achète aux enchères, moyennant quarante-huit mille deux cents livres, un bien national provenant du clergé, consistant en une ferme appelée Nuisement, située sur le finage de Chassericourt, canton de Chavanges, arrondissement d'Arcis, département de l'Aube, à sept lieues d'Arcis. Le titre de propriété de cette ferme n'est plus entre nos mains, en voici la raison : afin de payer le prix d'acquisition d'une filature de coton, nous avons vendu cette ferme

à M. Nicolas Marcheré-Lavigne, par
acte passé par-devant maître Jeannet,
notaire à Arcis, en date du vingt-trois
juillet mil huit cent treize, moyennant
quarante-trois mille cinq cents francs,
savoir trente mille francs portés au
contrat, et treize mille francs que nous
avons reçus en billets. Nous avons
remis le titre de propriété à l'acqué-
reur. Danton avait acheté cette ferme
la somme de quarante-huit mille deux
cents livres, ci. . . . .   48.200 liv.

12 *avril* 91. — Il achète aux enchères du district d'Arcis, par l'entre-
mise de maître Jacques Jeannet-Boursier, son mandataire et son cousin,
moyennant quinze cent soixante
quinze livres, qu'il paye le vingt du
même mois, un bien national provenant du clergé consistant en une pièce
de prés contenant un arpent quatre
denrées, situé sur le finage du Chêne,
lieu dit Villieu, ci. . . . .   1.575 liv.

12 *avril* 91. — Il achète encore aux
enchères du district d'Arcis, par l'en-
tremise de maître Jeannet-Boursier,

moyennant six mille sept cent vingt-
cinq livres, qu'il paya le lendemain,
un bien national provenant du clergé,
consistant en une pièce de pré et saussaie contenant huit arpents, situé sur
le finage de Torcy-le-Petit, lieu dit
Linglé, ci . . . .   6.725 liv.

13 *avril* 91. — Mademoiselle Marie-
Madeleine Piot de Courcelles, demeu-
rant à Courcelles, par acte passé ce
jour-là par-devant maître Odin, notaire
à Troyes, vend à Georges-Jacques
Danton, administrateur du départe-
tement de Paris, ce acceptant M. Jeannet-Boursier, moyennant vingt-cinq
mille trois cents livres qu'il paye comptant, un bien patrimonial n'ayant
absolument rien de seigneurial, malgré les apparences qui pourraient
résulter du nom de la venderesse, et
consistant en une maison, cour, jardin,
canal, enclos et dépendances, situés à
Arcis-sur-Aube, place du Grand-Pont,
le tout contenant environ neuf arpents,
trois denrées, quatorze carreaux, ci. .   25.300 liv.

Nota. — Voilà la modeste propriété

que les ennemis de Danton décoraient
du nom pompeux de *sa terre d'Arcis*,
par dérision peut-être, mais plutôt
pour le dépopulariser et jeter sur lui
de l'odieux en faisant croire que,
devenu tout à coup assez riche pour
acheter et pour payer la terre d'Arcis,
Danton, le républicain, n'avait pas
mieux demandé que de se substituer à
son seigneur. La vérité est que la terre
d'Arcis (et il n'y en a qu'une, consistant en un château avec dépendances
considérables) n'a pas cessé un instant depuis plus d'un siècle d'appartenir
à la famille de la Briffe, qui en possède
plusieurs. Depuis l'an 1840 seulement,
cette famille a vendu les dépendances
et n'a gardé que le château avec son
parc.

28 *octobre* 91. — Il achète, non par
un mandataire, mais par lui-même, de
M. Béon-Jeannet, par acte passé par-
devant maître Finot, notaire à Arcis,
moyennant deux mille deux cent cinquante livres qu'il paye comptant, un
bien patrimonial consistant en cinq
petites pièces de bois, situées sur le

finage d'Arcis et sur celui du Chêne,
et contenant ensemble deux arpents,
deux denrées, ci. . . . .   2.250 liv.

7 *novembre* 91. — Il achète de
M. Gilbert-Lasnier, par acte passé par-
devant maître Finot, notaire à Arcis,
moyennant deux cent quarante livres
qu'il paye comptant, une denrée, vingt-
cinq carreaux de jardin, pour agrandir
la propriété qu'il a acquise de made-
moiselle Piot, ci. . . . .   240 liv.

Par le même acte il achète aussi,
moyennant quatre cent soixante livres
qu'il paye aussi comptant, deux denrées de bois que plus tard (le 3 avril
93), il donne en échange d'une denrée,
soixante-quatre carreaux de bois, qu'il
réunit à la propriété de mademoiselle
Piot, ci. . . . .   460 liv.

8 *novembre* 91. — Il achète de
M. Bouquet-Béon, par acte passé par-
devant maître Finot, notaire à Arcis,
moyennant deux cent dix livres qu'il
ne paye que le 10 juin 1793, un jardin
dont la contenance n'est pas indiquée
et qu'il réunit à la propriété de mademoiselle Piot, ci. . . . .   210 liv.

Total du prix de toutes les acquisitions d'immeubles faites par Danton
en mil sept cent quatre-vingt onze :
quatre-vingt-quatre mille neuf cent
soixante livres, ci. . . . .   84.960 liv.

On doit remarquer qu'il est présumable que la
plus grande partie de ces acquisitions a dû être
payée en assignats, qui, à cette époque, perdaient
déjà de leur valeur et dont, par conséquent, la
valeur nominale était supérieure à leur valeur
réelle en argent, d'où il résulterait que le prix réel
en argent des immeubles ci-dessus indiqués aurait
été inférieur à 84.960 livres.

Depuis cette dernière acquisition du 8 novembre 1791 jusqu'à sa mort, Danton ne fit plus
aucune acquisition importante. Il acheta successivement en 1792 et 1793 un nombre assez considérable de parcelles très peu étendues et dont nous
croyons inutile de donner ici le détail qui, par sa
longueur et par le peu d'importance de chaque
article, deviendrait fastidieux (nous pourrions le
fournir s'il en était besoin). Il fit aussi des échan-
ges. Nous pensons qu'il suffit de dire que, en
ajoutant ces parcelles à ce que Danton avait acheté
en 1791, on trouve que les immeubles qui, au moment de sa mort, dépendaient tant de sa succession

que de celle de notre mère, et qui nous sont parvenus, se composaient de ce qui suit, savoir :

1° De la ferme de Nuisement (vendue par nous
le 23 juillet 1813) ;

2° De sa modeste et vieille maison d'Arcis, avec
sa dépendance, le tout contenant non plus 9 arpents, 3 denrées, 14 carreaux (ou bien 4 hecta-
res, 23 ares, 24 centiares) seulement, comme au
13 avril 1791, époque où il en fit l'acquisition de
mademoiselle Piot, mais par suite des additions
qu'il y avait faites, 17 arpents, 3 denrées, 52 carreaux (ou bien 786 ares, 23) ;

3° De 19 arpents, 7 denrées, 41 carreaux (898
ares, 06) de pré et saussaie ;

4° De 8 arpents, 1 denrée, 57 carreaux (369
ares, 96) de bois ;

5° De 2 denrées, 40 carreaux (14 ares, 07) de
terre située dans l'enceinte d'Arcis.

Nous déclarons à qui voudra l'entendre et au
besoin nous déclarons *sous la foi du serment*, que
nous n'avons recueilli de la succession de Georges-
Jacques Danton, notre père, et d'Antoinette-Gabrielle Charpentier, notre mère, rien, absolument
rien autre chose que les immeubles dont nous
venons de donner l'état, que quelques portraits de
famille et le buste en plâtre de notre mère, les-

quels, longtemps après la mort de notre second
tuteur, nous furent remis par son épouse, et que
quelques effets mobiliers qui ne méritent pas qu'on
en fasse l'énumération ni la description; mais que
nous n'en avons recueilli aucune somme d'argent,
aucune créance, en un mot rien de ce qu'on appelle
valeurs mobilières, à l'exception pourtant d'une
rente de 100 francs 5 p. 100 dont MM. Defrance et
Détape, receveurs de rentes à Paris, rue Chaban-
nais, n° 6, ont opéré la vente pour nous le
18 juin 1825, rente qui avait été achetée pour nous
par l'un de nos tuteurs.

Nous n'avons recueilli que cela de la succession
de notre père et de notre mère; il est donc évident
qu'ils ne possédaient rien autre chose, ni dans le
département de l'Aube, ni ailleurs.

Si nous possédons aujourd'hui quelques immeubles qui ne fassent pas partie de l'état qui précède,
c'est que nous les avons achetés ou bien que nous
les avons eus en partage de la succession de Jeanne-
Madeleine Camut, notre grand'mère, décédée à
Arcis au mois d'octobre 1813, veuve en premières
noces de Jacques Danton, notre grand-père, et, en
secondes noces de Jean Recordain, qu'elle avait
épousé en 1770. Les livres de l'enregistrement et
les matrices cadastrales peuvent fournir la preuve
de ce que nous venons d'avancer.

On pourra nous faire une objection qui mérite

une réponse ; on pourra nous dire : « Vous n'avez
recueilli de la succession de votre père et de votre
mère que les immeubles et les meubles dont vous
venez de faire la déclaration, mais cela ne prouve
pas que la fortune de votre père, au moment de sa
mort, ne se composât que de ces seuls objets ; car
sa condamnation ayant entraîné la confiscation de
tous ses biens sans exception, la République a pu
en vendre et en a peut-être vendu pour des sommes considérables. Vous n'avez peut-être recueilli
que ce qu'elle n'a pas vendu. »

Voici notre réponse :

Les meubles et les immeubles confisqués à la
mort de notre père dans le département de l'Aube
et non vendus, furent remis en notre possession
par un arrêté de l'administration de ce département, en date du 24 germinal an IV (13 avril 1796),
arrêté dont nous avons une copie sous les yeux,
arrêté pris en conséquence d'une pétition présentée
par notre tuteur, arrêté basé sur la loi du 14 floréal
an III (3 mai 1795), qui consacre le principe de la
restitution des biens des condamnés par les tribunaux et les commissions révolutionnaires, basé sur
la loi du 24 prairial an III (9 juin 1796), qui lève
le séquestre sur ces biens et en règle le mode de
restitution ; enfin, arrêté basé sur la loi du 13 ther-

midor an III (31 juillet 1795), dont il ne rappelle
pas les dispositions.

L'administration du département de l'Aube,
dans la même délibération, arrête que le produit
des meubles et des immeubles qui ont été vendus
et des intérêts qui ont été perçus depuis le 14 floréal
an III (3 mai 1795), montant à la somme de douze
mille quatre cent cinq livres quatre sous quatre
deniers, sera restitué à notre tuteur, en bons au
porteur admissibles en payement de domaines
nationaux *provenant d'émigrés seulement*. Nous ne
savons pas si notre tuteur reçut ces bons au porteur; s'il les reçut, quel usage il en fit; nous savons
seulement qu'il n'acheta pas de biens d'émigrés. Il
résulte évidemment de cet arrêté de l'administration du département de l'Aube, que dans ce département le produit des meubles et immeubles provenant de Danton et vendus au profit de la
République, ne s'est pas élevé au-dessus de
12,405 livres 4 sous 4 deniers. C'était le total de
l'état de réclamation présenté par notre tuteur dans
sa pétition, et tout le monde pensera, comme nous,
qu'il n'aura pas manqué de faire valoir tous nos
droits. On peut remarquer que dans cet arrêté il
est dit que ces 12.405 livres sont le montant du
produit des meubles et des immeubles vendus, et
des *intérêts* qui ont été perçus depuis le 14 floréal
an III (3 mai 1795); ces 12.405 livres ne se compo-

saient donc pas en entier du prix des meubles et
des immeubles vendus; les *intérêts* perçus y en-
traient donc pour quelque chose, sans que nous
sachions pour quelle somme. Nous avons entre
les mains les expéditions de vingt procès-verbaux
qui constatent que le 11 messidor an II (29 juin 1794)
il a été vendu, moyennant cinq mille sept cent
vingt-cinq livres, vingt pièces de terre labourable
contenant ensemble environ onze arpents, deux
denrées (ou bien 506 ares, 70), situées sur les finages
d'Arcis, de la Villette, de Saint-Étienne et de
Torcy. En a-t-il été vendu un plus grand nombre?
Nous l'ignorons. Mais cela ne fait que 5.725 livres,
sur les 12.405 dont la restitution à notre profit a été
ordonnée. De quoi se composaient les 6.680 res-
tants? Était-ce du prix de meubles et d'immeubles
vendus, ou d'intérêts perçus? Nous n'en savons
rien, mais peu importe. Les 12.405 livres, si on le
veut, provenaient en entier du prix d'immeubles
vendus; admettons-le. Dans ce cas, pour avoir le
total de ce que notre père possédait au moment de
sa mort, il faudrait ajouter 12.405 livres à ce que
nous avons recueilli de sa succession. Mais, si d'un
côté on doit ajouter 12.405 livres, d'un autre côté
on doit retrancher 16.065 livres qui restaient dues
aux personnes qui ont vendu à notre père les immeubles dont nous avons hérité. Nous pourrions,
s'il était nécessaire, fournir le détail de ces

16.065 livres avec pièces à l'appui. Elles ont été
payées plus tard par notre tuteur, et, pour les
payer, il n'aura pas manqué sans doute de faire
emploi, autant qu'il aura pu, des 12.405 livres de
bons au porteur dont la restitution avait été ordonnée à notre profit, par l'arrêté de l'administration du département de l'Aube, en date du 24 germinal an IV.

Il est donc établi d'abord que, dans le département de l'Aube, le prix des meubles et des immeubles qui ont été vendus n'a pas pu s'élever au-
dessus de 12.405 livres ; ensuite que notre père, au
moment de sa mort, devait encore 16.065 livres
sur le prix d'acquisition des immeubles qu'il y
possédait.

Voilà pour ce qui concerne le département de
l'Aube.

Notre tuteur a-t-il eu à faire, pour notre compte,
des réclamations dans quelques autres départements ? C'est possible, il est même présumable
qu'il en a eu à faire relativement à des objets mobiliers ; il était trop soigneux de nos intérêts pour
que nous puissions croire qu'il ait négligé quelque
chose de ce qui s'y rattachait. Mais les sommes
dont il a dû obtenir la restitution ont été sans
doute peu considérables, car il n'en est rien parvenu jusqu'à nous dans la succession de notre père.
D'un autre côté, s'il eût possédé des immeubles

22.

dans les départements autres que celui de l'Aube,
il fût arrivé de deux choses l'une : 1° ou bien ces
immeubles n'eussent pas été vendus; alors nous les
posséderions encore aujourd'hui, puisque, à l'exception de la ferme de Nuisement, dont nous avons
parlé, nous n'avons jamais vendu d'immeubles;
eh bien, nous n'en possédons aucun hors du département de l'Aube; 2° ou bien ils eussent été
vendus par la République à son profit; dans ce
cas, la République nous en eût plus tard restitué
le prix, comme elle l'a fait pour ceux qui ont été
vendus dans le département de l'Aube, et nous
eussions retrouvé ce prix dans la succession de
notre père, soit en valeurs immobilières achetées
par nos tuteurs, pour emploi, soit en valeurs mobilières. Eh bien, nous l'avons déclaré précédemment, nous n'avons presque rien recueilli en valeurs mobilières ; et, en immeubles, nous n'en
avons recueilli aucun qui n'ait été acheté du vivant
de notre père, et qui ne fasse partie de l'état que
nous avons fourni.

Nous croyons avoir répondu complètement et
victorieusement à l'objection précédemment faite.

Notre raisonnement était donc logique quand
nous disions : nous n'avons recueilli que cela de la
succession de notre père et de notre mère, il est
donc évident qu'ils ne possédaient rien autre chose,
ni dans le département de l'Aube, ni ailleurs. Tou-

tefois, nous ferons remarquer que, en raisonnant ainsi, nous avons fait abstraction et des 12.405 livres qu'il eût fallu ajouter à leur avoir, et des 16.065 livres qu'il eût fallu retrancher pour établir un compte rigoureusement exact.

Nous avons prouvé d'abord que, si Danton n'était pas riche au commencement de la Révolution, il possédait au moins sa charge d'avocat aux conseils du Roi ; ensuite, par l'état que nous avons établi de sa fortune au moment de sa mort, nous avons prouvé qu'on peut regarder ce qu'il possédait à ce moment comme étant à peu près l'équivalent de sa charge, dont il avait reçu le remboursement. Si nous avons prouvé tout cela (comme nous n'en doutons pas), nous avons prouvé aussi que c'est à très grand tort qu'on lui a reproché d'avoir exploité la Révolution pour amasser une fortune énorme et scandaleuse. Certes, on en conviendra, il a bien pu parvenir au degré d'*opulence* qu'il avait atteint sans se rendre coupable des actes infâmes, des monstrueux et innombrables forfaits que les atroces calomnies de nos ennemis et l'odieux et inique rapport de Saint-Just lui ont si perfidement et si faussement imputés.

Maintenant nous allons citer quelques faits *authentiques* qui pourront faire apprécier la bonté de son cœur. Nous avons vu précédemment que ce fut en mars et en avril 1791 qu'il acheta la majeure partie, on pourrait même dire la presque totalité des immeubles qu'il possédait quand il mourut.

Voici un des sentiments qui agitaient son cœur en mars et en avril 1791. Il désirait augmenter la modeste aisance de sa mère, de sa bonne mère qu'il adorait. Veut-on savoir ce qu'il s'empressa de faire à son entrée en jouissance de ces immeubles qu'il venait d'acheter? Jetons un regard sur l'acte que nous tenons dans les mains. Il a été passé le 15 avril 1791 (deux jours après la vente faite à Danton par Mlle Piot) par-devant Me Odin qui en a gardé la minute, et Me Étienne son collègue, notaires à Troyes. Danton y fait donation entre vifs, pure, simple et irrévocable, à sa mère, de six cents livres de rentes annuelles et viagères, payables de six mois en six mois, dont les premiers six mois payables au 15 octobre 1791. Sur cette rente de 600 livres, Danton veut qu'en cas de décès de sa mère, 400 livres soient reversibles sur M. Jean Recordain, son mari (M. Recordain était un homme fort aisé lorsqu'il épousa la mère de Danton; il était extrêmement bon; sa bonté allait même jusqu'à la faiblesse, puisque, par sa complaisance pour de prétendus amis dont il avait endossé des billets, il perdit une grande partie de ce qu'il avait apporté en mariage; néanmoins, c'était un si excellent homme, il avait toujours été si bon pour les enfants de Jacques Danton, qu'ils le regardaient tous comme leur véritable père; aussi Danton, son beau-fils, avait-il pour lui beaucoup d'affection). Le vif désir que ressent Danton de donner aux donataires des marques certaines de son amitié pour eux, est la seule cause de cette donation. Cette rente viagère est à prendre sur la maison et sur ses dépendances, situées à Arcis, que Danton vient d'acquérir le 13 avril 1791. Tel fut son premier acte de prise de possession.

On remarquera que cette propriété, au moment où mademoiselle Piot la vendit, était louée par elle à plusieurs locataires qui lui payaient ensemble la somme de 600 livres annuellement. Si Danton eût été riche et surtout aussi riche que ses ennemis ont voulu le faire croire, son grand cœur ne se fût pas contenté de faire à sa mère une pension si modique. Pour faire cette donation, Danton aurait pu attendre qu'il vînt à Arcis, mais il était si pressé d'obéir au sentiment d'amour filial qu'il éprouvait que, dès le 17 mars 1791, il avait donné à cet effet une procuration spéciale à M. Jeannet-Bourcier, qui exécuta son mandat deux jours après avoir acheté pour Danton la propriété de mademoiselle Piot. Aussitôt que la maison était devenue vacante et disponible, Danton, qui aimait tant à être entouré de sa famille, avait voulu que sa mère et son beau-père vinssent l'habiter, ainsi qué M. Menuel, sa

femme et leurs enfants. (M. Menuel avait épousé la
sœur aînée de Danton.)

Au 6 août 1792, Danton était à Arcis ; on était à
la veille d'un grand événement qu'il prévoyait sans
doute. Au milieu des mille pensées qui doivent
alors l'agiter, au milieu de l'inquiétude que doivent lui causer les périls auxquels il va s'exposer,
quelle idée prédomine, quelle crainte vient l'atteindre ? Il pense à sa mère, il craint de n'avoir
pas suffisamment assuré son sort et sa tranquillité ;
en voici la preuve dans cet acte passé le 6 août 1792
par-devant M⁰ Finot, notaire à Arcis. Qu'y lit-on ?
« Danton voulant donner à sa mère des preuves
des sentiments de respect et de tendresse qu'il a
toujours eus pour elle, il lui assure, sa vie durant,
une habitation convenable et commode, lui fait
donation entre-vifs, pure, simple et irrévocable, de
l'usufruit de telles parts et portions qu'elle voudra
choisir dans la maison et dépendances situées à
Arcis, rue des Ponts, qu'il a acquise de mademoiselle Piot de Courcelles, et dans laquelle maison,
sa mère fait alors sa demeure, et de l'usufruit de
trois denrées de terrain à prendre dans tel endroit
du terrain qu'elle voudra choisir, pour jouir desdits
objets à compter du jour de la donation. » Si
M. Jean Recordain survit à sa femme, donation
lui est faite par le même acte de l'usufruit de la

moitié des objets qu'aura choisis et dont aura joui
sa femme.

Nous n'avons pas connaissance que Danton ait
jamais fait d'autres dispositions en faveur de sa
mère ni de son beau-père. Nous le répétons, si
Danton eût été riche, et surtout s'il eût été aussi
riche que ses ennemis ont voulu le faire croire, son
grand cœur ne se fût pas contenté de faire à sa
mère et à son beau-père des dons si modiques;
nous sommes intimement persuadés que sa générosité envers eux eût été en proportion de sa fortune.

Voici encore une pièce, peu importante en elle-
même à la vérité, mais qui honore Danton et qui
prouve sa bonté ; c'est une pétition en date du 30
thermidor an II (17 août 1794), adressée aux
citoyens administrateurs du département de Paris,
par Marguerite Hariot (veuve de Jacques Geoffroy,
charpentier à Arcis), qui expose que, par acte passé
devant M⁰ Finot, notaire à Arcis, le 11 décembre
1791, Danton, dont elle était la nourrice, lui avait
assuré et constitué une rente viagère de cent livres
dont elle devait commencer à jouir à partir du jour
du décès de Danton, ajoutant que, de son vivant,
il ne bornerait pas sa générosité à cette somme.
Elle demande, en conséquence, que les administrateurs du département de Paris ordonnent que

cette rente viagère lui soit payée à compter du jour
du décès et que le principal en soit prélevé sur ses
biens confisqués au profit de la République. Nous
ne savons pas ce qui fut ordonné. Cette brave femme
que notre père ne manquait jamais d'embrasser
avec effusion et à plusieurs reprises chaque fois
qu'il venait à Arcis, ne lui survécut que pendant
peu d'années.

La recherche que nous avons faite dans les
papiers qui nous sont restés de la succession de
notre grand'mère Recordain, papiers dont nous ne
pouvons pas avoir la totalité, ne nous a fourni que
ces trois pièces *authentiques* qui témoignent en
faveur de la bonté de Danton dans sa vie privée.
Quant aux traditions orales que nous avons pu
recueillir, elle sont en petit nombre et trop peu
caractéristiques pour être rapportées. Nous dirons
seulement que Danton aimait beaucoup la vie
champêtre et les plaisirs qu'elle peut procurer. Il
ne venait à Arcis que pour y jouir, au milieu de sa
famille et de ses amis, du repos, du calme et des
amusements de la campagne. Il disait dans son
langage sans recherche, à madame Recordain, en
l'embrassant : « Ma bonne mère, quand aurai-je
le bonheur de venir demeurer auprès de vous pour
ne plus vous quitter, et n'ayant plus à penser
qu'à planter mes choux ? »

Nous ne savons pas s'il avait des ennemis ici, nous
ne lui en avons jamais connu aucun. On nous a très
souvent parlé de lui avec éloge ; mais nous n'avons
jamais entendu prononcer un mot qui lui fût inju-
rieux, ni même défavorable, pas même quand nous
étions au collège ; là pourtant les enfants, incapables de juger la portée de ce qu'ils disent, n'hésitent
pas, dans une querelle occasionnée par le motif le
plus frivole, à s'adresser les reproches les plus durs
et les plus outrageants. Nos condisciples n'avaient
donc jamais entendu attaquer la mémoire de notre
père. Il n'avait donc pas d'ennemis dans son pays.

Nous croyons ne pas devoir omettre une anec-
dote qui se rapporte à sa vie politique. Nous la
tenons d'un de nos amis qui l'a souvent entendu
raconter par son père, M. Doulet, homme très
recommandable et très digne de foi, qui, sous
l'Empire, fut longtemps maire de la ville d'Arcis.
Danton était à Arcis dans le mois de novembre 1793.
Un jour, tandis qu'il se promenait dans son jardin
avec M. Doulet, arrive vers eux une troisième
personne marchant à grands pas, tenant un papier
à la main (c'était un journal) et qui, aussitôt qu'elle
fut à portée de se faire entendre, s'écrie : Bonne
nouvelle ! bonne nouvelle ! et elle s'approche. —
Quelle nouvelle ? dit Danton. — Tiens, lis ! les
Girondins sont condamnés et exécutés, répond la
personne qui venait d'arriver. — Et tu appelles cela

une bonne nouvelle, malheureux? s'écrie Danton à
son tour; Danton, dont les yeux s'emplissent
aussitôt de larmes. La mort des Girondins une
bonne nouvelle? Misérable ! — Sans doute, répond
son interlocuteur, n'était-ce pas des factieux ? — Des
factieux, dit Danton. Est-ce que nous ne sommes
pas des factieux? Nous méritons tous la mort autant
que les Girondins ; nous subirons tous, les uns
après les autres, le même sort qu'eux. Ce fut ainsi
que Danton, le Montagnard, accueillit la personne
qui vint annoncer la mort des Girondins, auxquels
tant d'autres, en sa place, n'eussent pas manqué
de garder rancune.

Avec une âme comme la sienne, il est impossible
de ne pas être un honnête homme, nos cœurs nous
le disent, et jamais rien n'ébranlera une de nos plus
fermes et de nos plus douces croyances en ce monde,
celle de devoir la vie à un père qui fut non seulement un homme d'esprit, de génie, d'un grand
courage, grand orateur, grand citoyen, aimant
sincèrement et passionnément son pays, mais qui
fut avant tout un homme probe. Que n'avons-nous
son éloquence pour faire passer dans l'esprit de
nos citoyens nos convictions, et pour leur faire
partager nos sentiments!

Mais la tâche, qu'à notre grand regret nous
ne remplissons pas, parce qu'elle est au-dessus de
nos forces et de nos talents, d'autres plus puis-

sants et plus capables la rempliront. Mieux vaudrait
mourir à l'instant que d'en perdre l'espérance. Oui,
Danton, un jour toutes les calomnies accumulées sur
toi par l'erreur, par l'envie, par la haine, viendront
expirer aux pieds de la vérité mise à nu par des
orateurs, par des écrivains consciencieux, impar-
tiaux, éclairés, éloquents. Oui, un jour la France
reconnaîtra que tous tes actes politiques ont pris
naissance dans de louables sentiments, dans ton
ardent amour pour elle, dans le plus violent désir
de son salut et du triomphe de la liberté ! Oui, un
jour la France appréciera toute l'immensité de ton
dévouement qui te porta *jusqu'à vouloir lui faire le
sacrifice de ta mémoire* : sacrifice cent fois, mille
fois plus grand que celui de la vie ! Dévouement
sans exemple dans l'histoire ! La France aujour-
d'hui si belle, si florissante, te placera alors au rang
qui t'appartient parmi ses enfants généreux, ma-
gnanimes, dont les efforts intrépides, inouïs, sont
parvenus à lui ouvrir, au milieu de difficultés et
de dangers innombrables, un chemin à la liberté,
à la gloire, au bonheur. Un jour, enfin, Danton,
justice complète sera rendue à ta mémoire ! Puissent tes fils, avant de descendre dans la tombe,
voir ce beau jour, ce jour tant désiré !

TABLE DES MATIÈRES

Paris. — L. MARETHEUX, imprimeur, 1, rue Cassette.

Extrait du Catalogue de la BIBLIOTHÈQUE-CHARPENTIER
EUGÈNE FASQUELLE, ÉDITEUR, 11, RUE DE GRENELLE

OUVRAGES SUR LA RÉVOLUTION

ANDRÉ CHÉNIER
Œuvres en prose .... 1 vol.

A. DEBIDOUR
Études critiques sur la Révolution, l'Empire et la
Période contemporaine .... 1 vol.

CAMILLE DESMOULINS
Œuvres choisies, avec *Préface* de JULES CLARETIE............... 1 vol.

DUBOIS-CRANCÉ
Analyse de la Révolution française, *depuis l'ouverture des
États généraux jusqu'au 6 brumaire en IV*...................... 1 vol.

ANTONIN DUBOST
Danton et la Politique contemporaine........................... 1 vol.

FOUQUIER-TINVILLE
Réquisitoires, avec *Introduction* et *Notes* par H. FLEISCHMANN... 1 vol.

EDMOND ET JULES DE GONCOURT
Histoire de la Société française pendant la Révolution. 1 vol.

ARSÈNE HOUSSAYE
Galeries du XVIII° siècle : LA RÉVOLUTION..................... 1 vol.

GÉNÉRAL TH. IUNG
Bonaparte et son temps.. 3 vol.
L'Armée et la Révolution (1747-1814).......................... 2 vol.

P. LANFREY
Essai sur la Révolution française............................. 1 vol.

MARAT
Correspondance, recueillie et annotée par CH. VELLAY......... 1 vol.

MIRABEAU
Les Écrits, avec *Introduction* Notes par L. LUMET............ 1 vol.

CHARLES NODIER
Souvenirs de la Révolution et de l'Empire..................... 2 vol.

ROBESPIERRE
Discours et Rapports, avec *Introduction* et *Notes* par CH. VELLAY. 1 vol.

SAINT-JUST
Œuvres complètes, avec *Introduction* et *Notes* par CH. VELLAY.. 2 vol.

Mᵐᵉ DE STAËL
Considérations sur la Révolution française.................... 3 vol.

JEAN WALLON
Le Clergé de quatre-vingt-neuf. — LE PAPE ; LE ROI ; LA
NATION ; FIN DE L'ANCIEN RÉGIME .... 1 vol.

1883. — L.-Imprimeries réunies, rue Saint-Benoît, 7, Paris.